Johann Michael Seuffert

J. M. Seufferts der Philosophie Doctors, der Rechte Licentiaten,

der juristischen Encyclopädie

Johann Michael Seuffert

J. M. Seufferts der Philosophie Doctors, der Rechte Licentiaten,
der juristischen Encyclopädie

ISBN/EAN: 9783743603691

Hergestellt in Europa, USA, Kanada, Australien, Japan

Cover: Foto ©Suzi / pixelio.de

Weitere Bücher finden Sie auf **www.hansebooks.com**

J. M. Seuffert's

der Philosophie Doctors, der Rechte Licentiaten, der juristischen Encyclopädie,
und des teutschen Privatrechts auf der Juliusuniversität zu Wirzburg Professors,
des königlich Großbrittannischen historischen Instituts zu Göttingen
Correspondenten

Versuch einer Geschichte

des

teutschen Adels

in den hohen Erz- und Domcapiteln

nebst einigen Bemerkungen

über

das ausschließende Recht desselben

auf Dompräbenden

Frankfurt am Main
in der Andreäischen Buchhandlung

Vorrede.

Gegenwärtiger Versuch wurde durch die schöne Exegese veranlaßt, welche Herr Hofrath Spittler von dem §. 17. Art. V. I. P. O. in dem Göttingischen historischen Magazine geliefert hat. Ich nennte diese Abhandlung, Versuch einer Geschichte, weil der Innhalt derselben größtentheils historisch ist, ohne daß sie jedoch eine Geschichte im eigentlichen Verstande wäre. Zu einer solchen fehlten mir theils Materialien, theils Muth und Kräfte. Alle Materialien, welche ich hier zu ordnen suchte, sammlete ich mir während meinem Aufenthalte zu Göttingen in der dasigen Bibliothek, welche mir die verdienstvollen Vorsteher derselben zu öffnen die Güte hatten. Archive sind für mich geschlossen, und Privatnachrichten sind selten, und zuletzt dennoch unsicher. Also, was ich hier liefere, ist größtentheils aus schon gedruckten Quellen geschöpft, welche ich selbst, so gut als möglich, zu benutzen suchte.

Bey Ausarbeitung meines Stoffes steckte ich mir blos Wahrheit zum Ziele vor, und bekenne daher freymüthig, daß ich weder vom Adel, noch von den Doctoren gedungen bin. Eine Wahrheit, die jeder einsehen muß, der sich die Mühe nimmt, die wenigen Blätter mit Aufmerksamkeit zu durch-lesen. Der Ton der Abhandlung ist in der dritten Abtheilung etwas polemisch; und mußte es nach der gegenwärtigen Lage der Sachen seyn: Aber ich hoffe, die Achtung nie ausser Acht gelassen zu haben, welche ich einem so allgemein, und mit so vielem Rechte geschätzten Schriftsteller schuldig bin.

Manchem könnten die Kapitel zu lange und zu ermüdend scheinen; Allein ich suchte mit Fleiße mehrere Absätze zu machen. Wer Ruhepuncte sucht, kann sie nach Belieben wählen.

Hiemit empfehle ich mich und meine Abhand-lung dem lesenden Publicum.

Wirzburg den 23ften Sept.
1789.

der Verfasser.

Innhalt.

Erste Abtheilung.

Von den ältesten Zeiten bis auf die Entstehung des Doctorats.

Erstes Kapitel.

Einige Blicke auf die Fundationen hoher Erz- und Domcapitel.

So sind einmal wir Menschen: Wer sucht und findet nicht gerne, die Rechte und Vorzüge seines Standes in dem entferntesten Alterthume? Mit Nachsicht beurtheilt der Weltweise diese Eitelkeit, denn sie hat ihren Grund in einer leicht verzeihbaren, allen Menschenkindern gemeinen Schwachheit. Aber unbekannt muß diese Delicatesse dem Geschichtsforscher und Rechtsgelehrten seyn, zumal, wenn Rechte und Verbindlichkeiten von der Frage abhangen, ob dies oder jenes Institut sein Daseyn schon vor Jahrhunderten gehabt habe, oder nicht.

Man sah, daß Teutschlands Erzhohe und hohe Domstifter fast durchgehends vom Adel besetzt seyen. Mit Recht warf man also die Frage auf: wie kam derselbe zum Besitze eines so ansehnlichen Rechtes?

Unkunde der Geschichte und der Critik veranlaßte wohl manchen Schriftsteller, zu behaupten, als wären die ansehnlichen Stiftsgüter bey ihrer ersten Stiftung für den Uradel allein bestimmt worden. Diese Behauptung mußte dem Adel um so will-kommner seyn, je mehr sie der Eitelkeit und dem aus-schließlichen Besitze desselben schmeichelte. Allein ge-schehen wär' es um das große Vorrecht, wenn es allein auf ursprünglicher Stiftung gegründet seyn sollte.

Die Güter, in deren Besitze sich unsre Domca-pitel befinden, wurden nicht auf einmal erworben. Nur eine mäßige Habe war es manchmal, die unsre Kaiser und Könige bey Errichtung der Stifter dem Bischoffe und seinen Brüdern angewiesen. Einzelne Erwerbungen, besonders in der Zeit, da die Capitel ge-trennt von ihrem Bischöf, in abgesonderte, und für sich bestehende Gesellschaften, wenigstens in Hinsicht ihrer Güter umgeschaffen wurden, brachten erst das ansehn-liche Ganze zusammen, woraus so Viele vom teutschen Adel die schönsten Einkünfte genießen. Wollte man also die ursprüngliche Bestimmung erforschen, welche die Güter unsrer Domcapitel bey ihrer ersten Stif-tung erhielten, so würde es bey weitem noch nicht genug seyn, die Urkunden einzusehen, welche sie bey ihrer Gründung von Kaisern und Königen erhielten, sondern alle einzelne Erwerbungen müßten unter-

sucht, ja selbst die Stiftungsbriefe einzelner Prä=
benden geprüft werden. Wer aber hieben auf den
Einfall gerathen würde, alle Urkunden von dieser
Art aufzusuchen, um seiner Abstraction desto mehr
Gewißheit, und seinem Urtheile desto mehr Zuver=
läßigkeit geben zu können, würde eine eben so unmög=
liche, als vergebliche Arbeit beginnen. Nie wird
den archivalischen Eigensinn, welcher die Urkunden
lieber dem Moder zur Beute überläßt, als dem
Geschichtsforscher zur Benutzung, ein Sterblicher
besiegen; und wäre er auch so glücklich, wer würde
sie alle lesen, sie alle vergleichen wollen? Zum
Glücke aber war der Genius, welcher alle Stifter
beseelte, überall derselbe; die Gesinnungen und
Sprache überall so übereinstimmend, daß man hier
mit dem zufrieden seyn kann, was man hat, und
wegen der Uebereinstimmung in so vielen einzelnen
Urkunden, auch auf die übrigen mit Wahrschein=
lichkeit zu schließen berechtiget wird.

Man mag nun aber die ersten Stiftungsbriefe,
oder die Urkunden über einzelne Erwerbungen unter=
suchen, so wird man dennoch niemals, oder doch
selten Spuren entdecken, daß der Genuß dieser
ansehnlichen Güter allein für den Adel bestimmt
worden wäre. Ursprünglicher Stiftungsbriefe, deren
Aechtheit unbezweifelt wäre, haben wir Wenige. —

Allein diese Wenige erwähnen des Adels nicht. Die
Stifter, allein beseelt von dem Eifer, der Kirche
Gottes zu dienen, und ihre Rechte und Vorzüge
zu erheben, kennen keinen andern Zweck zur Bereicherung der Geistlichkeit, als die Ehre der Kirche,
die Vergebung ihrer Sünden, und den Trost ihrer
Seele, den sie aus dem Gebete Andrer zu schöpfen
vermeynten. Da sie daher die ganze Handlung allein
aus dem Gesichtspuncte der Religion betrachteten,
so fiel es keinem derselben bey, wenigstens vor den
Augen des Publicums, diese heiligen Zwecke mit
einer politischen und folglich unheiligen Absicht zu
entehren. Zwar bestimmten sie die Güter, womit
sie die Kirchen bereicherten, bis auf das kleinste
Detail, aber die Frage: Wer diese Güter ausschließlich genießen sollte, ließen sie unbestimmt. Die
geistlichen Herren werden fast durchgehends fratres
Deo famulantes genannt, und nichts weiter. Ihr
Stand kömmt nirgendwo in Betrachtung. Diese
Unbestimmtheit in den Stiftungsbriefen hatte natürlich die Wirkung, daß unter die Geistlichkeit des
Bischofs sowohl Adel, als Unadel aufgenommen
wurde.

Die Güter der Stifter vergrößerten sich indessen
täglich: der Geistliche suchte in Vermehrung derselben den Glanz und die Ehre der Kirche, und

der Laye glaubte sich hiedurch Vergebung seiner Sünden erkaufen zu können. So voll indessen die
Archive der Stifter von einzelnen Urkunden über
beträchtliche Güter und Rechte wurden, so kann
man dennoch in Hinsicht auf das Ganze zur Regel
annehmen, daß auch in diesen einzelnen Urkunden
von einem ausschließlichen Besitze des Adels keine
Meldung geschah. Wenn ich von allen übrigen
Erwerbungsarten abstrahire, welche zum Vortheile
der Stifter in Bewegung gesetzt wurden, und allein
auf diese unerschöpfliche Quelle des Reichthums,
die Freygebigkeit sehe, so entgeht mir beynahe kein
Stand in der bürgerlichen Gesellschaft, der nicht
sein Schärflein zur Bereicherung der Stifter beyge=
tragen hätte. Die Kaiser und Könige als Errichter
der Bisthümer pflegten derselben mit väterlicher
Vorsorge, und ergriffen jede Gelegenheit, das
ursprüngliche Mitgift ihrer Töchter mit neuen Gütern zu vermehren. So erhielten der Bischof und
seine Brüder stattliche Einkünfte, und verzehrten
sie in brüderlicher Eintracht: aber, daß der Adel
allein das Recht haben sollte, selbe zu genießen,
daran dachten die Kaiser und Könige auch in ein=
zelnen Schenkungen so wenig, als wenig sie dem
Adel allein das Recht einräumen wollten, für sie
beten, oder Gott dienen zu können. Ueberall herrscht

tiefes Stillschweigen in den Urkunden und der Geschichte von dem ausschließlichen Genusse des Adels.— Ein gleiches Stillschweigen trifft man in den Schenkungsbriefen andrer Fürsten und Herrn an. Was thaten die Herzoge von Pommern und Sachsen für die nordischen Stifter? Was gab Herzog Casimir von Pommern 1275 dem Capitel zu Camin für wichtige Rechte und Privilegien (a)? Mit welcher Freygebigkeit bereicherte Heinrich der Löwe die Capitel von Lübeck, Raßeburg und Schwerin (b)? Aber weit entfernt, dem Adel ein ausschließendes Recht zu dem Genusse dieser Güter zu geben, sprechen sie in ihren Stiftungsbriefen allein von der Ehre Gottes und seiner Heiligen, und lassen die Eigenschaften, welche zur Fähigkeit eines Canonicus nothwendig seyn möchten, unbestimmt. Gab doch Graf Adolph von Schauenburg dem Domcapitel zu Lübeck mit einer Art von Verschwendung die schönsten Einkünfte hin; — stiftete er doch selbst neue Präbenden! Aber daß es ihm im geringsten eingefallen wäre, durch diese Stiftung seiner Familie, oder dem Adel überhaupt eine Art von Fideicommiß zu errichten! Nichts behält er sich vor,

---

(a) Lünig. Spicilegium ecclesiasticum in append. p. 7.

(b) Ibid. l, c, p 291. in app. p. 150—152.

als daß der Mann, dem er die Johanniskirche zu
Lübeck verleihen würde, zugleich eine Pfründe im
Domstifte genießen, und etwa bey seinen frommen
Uebungen das Amt eines Caplans verrichten sollte (c).
Schenkten doch die Grafen Godfrid und Otto.
von Capþenberch ihre ganze Habe in Eleve=
ftat dem heiligen Martin zu Maynz — aber auch
nur allein dem heiligen Martin, nicht dem Adel,
nicht ihrer Nachkommenschaft, und die Domherrn
von Maynz belohnten ihre Freygebigkeit mit der
Ehre, einen Candidaten zu einer Prábende ernen=
nen zu können (d). Ob der Candidat ein Herr oder
Ritter war, liegt außer der Spháre meiner Kennt=
nisse; nach aller Wahrscheinlichkeit war es ein solcher:
denn die Herrn sahen doch wohl lieber ihres Glei=
chen die Einkünfte fetter Pfründen verzehren, als
andere in keinem Verhältnisse mit ihnen stehende
Personen. Aber von einer Stiftung für den Adel
erwähnen wenigstens die Grafen von Capþen=
berch in ihrem Briefe nichts. Das Ehrenrecht
der Ernennung, womit man die milden Hánde des
Adels zu eröffnen wußte, war ohnedem nur der
Regel nach persönlich, und gieng nicht auf Erben

(c) Ebenderf. l. c. p. 95.
(d) Gudenus Codex diplomat. T. I. p. 53.

über. Es ist eine Luft zu lesen, mit welcher Bered=
samkeit die geistlichen Herren von Lübeck die Freyge=
bigkeit eines gewissen Sifrids von Bocholz
und seiner Gemahlin preisen, mit welcher Bereit=
willigkeit sie den Candidaten zu ihrer neugestifteten
Präbende in ihr Mittel aufzunehmen versprechen:
aber schlau genug waren diese Herrn, unvermerkt
diese Clausel in die Urkunde zu bringen, daß nach
ihrem Tode das Ernennungsrecht auf das Capitel
zurückefallen sollte (e). Was war hieben für die
Stifter gewonnen; hätten sie auch bey dem vorbe=
haltenen Ernennungsrecht der Candidaten die Ab=
sicht gehabt, ihre Nachkommen zu versorgen? Ich
gebe ferner zu, daß die Liebe mancher Väter und
Brüder, die sie zu ihren Söhnen und Anverwand=
ten hatten, einen neuen Grund zur Freygebigkeit
hergab. Otto von Bruchkirch schenkte dem
Capitel zu Strasburg einige Güter in Vendenheim,
und zwar, wie die Urkunde lautet, zum gemeinschaft=
lichen Genusse der Brüder, zum Troste seiner Seele
und der Seinigen, und aus Liebe für seinen Sohn
Hartwig, der Domherr in diesem Stifte sey (f).
Noch tausend andere Künste erfanden die Capitel,

(e) Lünig Spicil. eccl. p. 317.
(f) Würdtwein nova subs. diplom. T. VII. p. 10.

die Freygebigkeit des Adels zu locken; aber von
dem großen gewiß unfehlbaren Kunstgriffe, sich zu
bereichern, wenn man die Begierde der Stamm-
väter, den Glanz ihrer Familien zu erhöhen, mit
dem Versprechen gereizt hätte, die Präbenden nur
für den Adel, oder vielleicht gar für ihre Nachkommen zu bestimmen, wußte man nichts oder rückte
wenigstens nichts in die hierüber ausgefertigten Urkunden ein. Bischof Johann III. von Lübeck
schmeichelte den Stiftern, der vielen Gemeinplätze
von Vergebung der Sünden und Trost der Seelen
nicht zu gedenken, mit Unsterblichkeit und ewigem
Nachruhme; ja er machte eine Verordnung, vermöge welcher die Stifter neuer Präbenden, falls
sie canonisch zu Domherrn aufgenommen würden,
sogleich zu Sitz und Stimme in dem Capitel, und
zum vollen Genuße aller Einkünfte vor allen Ex-
pectanten gelangen sollten (g). Der edle Herr Ulrich
von Minzenberg schenkte dem Domcapitel zu
Maynz die Einkünfte der Johanniskirche zu Nauen-
heim bey Friedberg, um sich durch die Domherren
einen Erben bey Gott erbitten zu lassen, und hatte
die Ehre samt seiner Gemahlin durch eine feyerliche
Urkunde in die Brüderschaft der Domherren aufge-

(g) Das Statut ist vom Jahr 1266.

nommen zu werden (h). Freylich Ehre genug für die damalige Zeiten, aber noch bey weitem keine Stiftung für den Adel.

Hiezu kömmt, daß, wenn man auf die Anzahl der von dem Adel gemachten Stiftungen Rücksicht nimmt; als mit welcher Hypothese sich mehrere Schriftsteller sehr zu gefallen scheinen, dieselbe bey weitem nicht so gros sey, als man etwa denken möchte. Ja es muß sich jedem, wer die Geschichte der geistlichen Stiftungen mit Aufmerksamkeit studirt, die sonderbare Bemerkung aufdringen, daß die Freygebigkeit des Adels gegen die Erzhohe und hohe Domcapitel, selbst zu einer Zei, da sie fast ganz aus seinem Mittel besetzt waren, verhältniß- mäßig klein, indessen sie ausschweifend groß gegen andre geistliche Stiftungen war. Man stiftete Non- nen- und Mönchsklöster, und bereicherte Collegiat- stifter mit neuen Gütern und Gerechtigkeiten — die Domcapitel hingegen fielen entweder leer aus, oder mußten mit Wenigem vorliebnehmen. Vielleicht

----

(h) Die Domherren antworteten in folgenden Ausdrücken: „Vos & nobilem dominam Helwibim conjugem ve- „stram in vere fraternitatis, & fraterne caritatis con- „sortium liberaliter, & lete suscipimus, procuraturi „fideliter & constanter omnia perpetuis temporibus, „que vobis, & vestre posteritati cedere viderimus ad „commodum & honorem.“ Gudenus T. II. p. 113.

mochte der Gedanke der Eigenliebe mehr schmei-
cheln, Schöpfer neuer Gott dienender Gesellschaften eben so gut zu seyn, wie vordem Kaiser und
Könige waren; zumal da man sich von dem Gesang
und Gebete der Nonnen und Mönche mehr versprechen zu können glaubte, als von den Horen der
reichen und stolzen Domherren. Vielleicht kann-
ten auch die Mönche die künstlichen Erwerbungsarten besser, als die Capitel. Vielleicht hielt man
es für überflüßig, die großen Reichthümer mit
neuen zu vermehren, und dennoch zuletzt an der
Seite der Kaiser und Könige mit den wenigen
Mansis, welche man zu verschenken hatte, eine
unbeträchtliche Rolle zu spielen.

Unstreitig verdankten die meisten Capitel ihre
edelsten Rechte, und schönsten Güter ihren eigenen
Bischöffen. Die Bischöffe giengen mit ihren Tafel-
gütern oft eben so um, wie die Kaiser und Könige
mit ihren Domänen, und die Capitel brachten, eben
so wie die Reichsstände, einen großen Theil derselben theils schenkungsweise, theils durch vortheil-
haften Kauf in den Zeiten der Noth an sich. Ich
brauche nicht zu erinnern, daß ich zu meinem Beweise nicht nöthig haben werde, die Stiftungsge-
schichte aller Erzhohen und hohen Domcapitel durch-
zuforschen. Nur flüchtige Blicke in die Urkunden-

sammlungen werden überzeugend genug seyn. Zu
Anfang des zwölften Jahrhunderts kam Adelbert
Graf von Saarbrücken auf den Stuhl zu Maynz.
Fast jedes Jahr seiner Regierung bezeichnete er mit
neuer Freygebigkeit gegen das Capitel. Manche
Domherren hatten damals noch sehr magere Präs
benden (i)? Der Erzbischof vermehrte sie theils
mit neuerkauften, theils mit seinen Tafelngütern
reichlich (k). Mit gleicher Freygebigkeit sorgten
die Erzbischöffe Christian und Conrad für ihr
Capitel (l). Wie heilig muß ihm allein der Name
eines Sifrids seyn, der seine eigene Allode,
Zehnten, und andre Einkünfte seinen Brüdern, den
Domherrn in Maynz schenkte (m). Ich übergehe
einen Erzbischof Gerlac, und andere ehrwürdige
große Namen. Wem hatte schon im zehnten Jahr
hunderte das Capitel zu Strasburg die noch zum
Theile demselben zugehörigen Dörfer Bohlsbach,
Stadelhofen, Schwinghausen, Armheim, Diers
heim, Eambsthurst und Schaftelsheim zu danken,

(i) Curia in Birgestadt — — Canonicis præbendam parvis-
simam habentibus ab Adelberto archiepiscopo tra-
ditur. Gudenus Codex dipl. T. I. p. 76.

(k) Gudenus l. c. p. 78. 92. 99.

(l) Ebend. l. c. p. 612. seq.

(m) Ebend. l. c. p. 509. 566. 604. u. b. s.

als seinem Bischoffe, Utho (n)? Wie reichlich
wurde daſſelbe von ſeinem Biſchof Otto im eilften
Jahrhunderte begütert (o)? So lebhaft indeſſen der
Geiſt der Freygebigkeit in den benannten ſowohl,
als andern Stiftern war, ſo trift man dennoch ſelten eine Spur an, daß die Biſchöffe einige Rückſicht
auf den Adel genommen hätten. Immer noch geben
die Schenker zu ihrem Hauptzwecke das Gebet der
Geiſtlichen an; wollen, daß ihnen ein langes Leben
erbeten werde, und beſtellen ſich Seelenmeſſen nach
dem Tode. Eine eben ſo reiche Quelle der Begü-
terung waren für die Capitel manche Schulden und
Kriegsperiode der Stifter, in welcher ſie die Gelegenheit erſahen, für den wohlfeilſten Preis die wich-
tigſten Stücke der Hochſtifter an ſich zu bringen.
Soviel auch nach geiſtlichen Rechten gegen dieſe
Veräuſſerungen zu ſagen geweſen wäre, ſo erhielten
dennoch die ſo früh aufgekommenen Capitulationen
die Capitel im ruhigen Beſitze. So verkaufte Erzbiſchof Mathias von Maynz 1324 das Ruſten-
bergiſche Vicedominat (p). So traf Biſchof Man-
gold von Wirzburg ſein Hochſtift mit Schulden

(n) Würdtwein nova ſubſid. diplom. T. III. p. 382.

(o) Ebend. T. VI. p. 252.

(p) Gud. T. II. p. 332.

belaſtet an; und nachdem er das ſeinige beygetragen hatte, es noch tiefer in dieſen Labyrinth zu führen, verkaufte er 1295 unter dem Vorwande, die
Schulden zu tilgen, die ſchöne Stadt Ochſenfurt
um eine Kleinigkeit an das Capitel. Was half es,
daß Mangolds Nachfolger den Vertrag beſtritten, daß ſich die Päbſte in die Sache miſchten, daß
ihre Commiſſarien dergleichen Veräuſſerungen ver-
nichteten (q)? Wer vermag ihm nun ſeine Rechte,
ſeinen Beſitz zu beſtreiten? Zu weit würde ich mich
von meinem Ziele enttfernen, wenn ich dieſe Geſchichte weiter verfolgen wollte. Man erlaube mir
alſo, auf die Capitulationen einzelner Stifter zu
verweiſen. Mich dünkt, der Satz ſey hievon ſchon
hinlänglich erläutert, daß man den Beweis für das
ausſchlieſende Recht des teutſchen Adels zu hohen
Erz- und Domſtiftern weder aus der Beſtimmung
der urſprünglichen, noch der hinzugekommenen Stiftungen führen könne.

(q) Jus & factum juramenti epiſcopi herbip. Beyl. 37. 39.
44. 48.

Zweytes Kapitel.

Der Adel bekömmt nach und nach das Uebergewicht in den Domcapiteln.

So wenig indessen die ursprüngliche Bestimmung
der Stiftsgüter dem Adel ein ausschliessendes
Recht zu deren Besitze gab, so war derselbe doch
nirgendwo ausgeschlossen. Es kann daher Niemanden befremden, wenn man schon in den ältesten Zeiten adeliche Mitglieder unter der dem Bischoffe zuge-
ordneten Geistlichkeit antrifft. Der alles umfassen-
den Gesetzgebung Carls des Großen entgieng
auch der persönliche Stand der Geistlichen nicht. Bey
dem Enthusiasmus, die Würde und Ehre der Religion überall zu erheben, und die Kirchen mit tüchtigen Männern zu besetzen, konnte es ihm keine
gleichgültige Sache seyn, ob dem Adel der freye
Zutritt zur bischöflichen Kirche vergönnt sey oder
nicht. Wirft man einen Blick auf die Sitten der
Nation, die er zu beherrschen hatte, so hatte doch
der Adel, im Verhältnisse der übrigen Stände, bey
weitem mehr Cultur, und war folglich um so
brauchbarer zur Verwaltung geistlicher Würden.
Es war also der Mühe werth, dem Adel sowohl
als andern freyen Leuten, die Fähigkeit zu Diensten
in der bischöflichen Kirche durch ein besonderes Ge-

feß zu verfichern (a). Ja der Vorzug, der dem Adel in der bürgerlichen Gefellschaft gebührte, gieng felbft in die Wohnungen über, wohin Chrode: gangs Ruf den Clerus der bifchöflichen Kirche geführt hatte. Den Ritter, oder Herrn, der die Gefeße beleidigte, ließ man faften, oder fperrete ihn ein, indeß der Unedle des nemlichen Vergehens wegen mit Schlägen gezüchtiget wurde (b). Man nahm diefen Vorzug für fo bekannt an, daß man da, wo gleiche Rechte für den Adel und Unadel feft: gefeßt werden follten, eine ausdrückliche Erwähnung für nöthig hielt (c).

Eine cöllnifche Synode vom Jahre 883 feßte feft, daß jeder Canonicus feine Wohnung nach Willkühr einem feiner Brüder fchenken, oder ver: machen könnte: aber mit vielem Vorbedacht erin: nerten die verfammelten Väter, daß man keinen Unterfchied unter Adel und Unadel beobachtet wif: fen wollte (d). So entfcheidend indeffen die Vor: züge des adelichen Clerus waren, fo wahrfcheinlich ift es hingegen, daß der Unadel in Hinficht der

---

(a) Cap. I. a. 789. c. 73. apud Heineccium p. 568.

(b) Schmidts Gefch. der Deutfch. Th. I. c. 14.

(c) Regulæ c. 30. n. 12.

(d) Synod. de a. 883. apud Harzheim T. II. p. 36.

Anzahl das Uebergewicht hatte. Der Grund hievon lag theils in der Natur der Sache, theils in der Begünstigung einiger Kaiser. Wie konnte der muthige Ritter und Herr sich entschließen, die Waffen, die sein Vater trug, das Spiel seiner ersten Jahre, und die Zierde seines jugendlichen Körpers mit dem Gewande eines Chorherrn zu vertauschen? Wie konnte ihm — der eine Stadt, welche man ihm zur Wohnung bestimmt hatte, als unerträglichen Kerker geflohen haben würde — die einsame Mönchsclause behagen? Wie konnte er so leicht die erniedrigende Züchtigung eines Obern ertragen, der ihm manchmal am Stande ungleich war? Mit Einem Worte, die Lebensart und Erziehung des Adels stand mit Chrodegangs Vorschriften in einem so auffallenden Widerspruche, daß ich mir immer ausserordentliche Umstände zusammen denken muß, um mir zu erklären, wie dennoch so viele vom Adel diese Wohnungen der strengsten Ordnung erwählen konnten.

Hiezu kam, daß manche Kaiser Sclaven aus dem Staube hervor an ihre Höfe zogen, und sie zu Bisthümern, und den ersten Würden des Staats erhoben. Wie mächtig war die Sclavenkabale unter Ludwig dem Frommen, die uns sein Biographe, der Bischof Thegan, schildert. Suchten sie doch

B

den Adel zu unterdrücken, ihre niedrige Anver=
wandtschaft hingegen allein zu heben! Zorn, Zank=
sucht, Starrsinn und Rohheit nahm Besitz vom
Throne sowohl, als den geistlichen Würden; Leute,
nur zur Sclavenarbeit gebohren, lernten die freyen
Künste; der Adel mußte ihren Söhnen und Enkeln
Gemahlinnen, und ihren Töchtern Männer geben.
Die Kinder gezeugt aus diesen schändlichen Verbin=
dungen verachteten den alten ehrwürdigen Adel mit
bäurischem Stolze, und erschlichen die erhabensten
Aemter, indeß der Adel seinem Sturze sich nä=
herte (e). Wie war es bey dieser Lage der Sachen
zu verwundern, daß der am Ruder sitzende Unadel
seinen Anverwandten freyen Zutritt in Chrode=
gangs Wohnungen eröffnete, mit der gewissen Hoff=
nung, sie einst zu Bisthümern und andern geist=
lichen Würden zu befördern.

Allein schon zu Ludwigs Zeiten drangen die
lauten Klagen des Adels bis an den Thron; und
blieben nicht unerhört. Auch er foderte noch von
Bischöffen so viel Adel der Geburt und Seele, um
mit Würde den Dienst Gottes und des Königs zu
entrichten, und schränkte die Wahlfreyheit auf diese
Eigenschaften ein (f). Die Güter, welche dem

(e) Thegan de gestis Ludovici Pii c. XX.
(f) Lünig spicileg. ecclef. T. II. p. 215.

Bischof und seinen Dienstgeistlichen angewiesen wurden, waren, wie alle Grundstücke, mit der Verbindlichkeit, Kriegsdienste zu thun, beleget. Die Bischöffe und Priester erscheinen daher schon unter den Merovingischen Königen nicht allein an der Spitze der friedlichen Nationalversammlungen, und in dem Rathe des Königs: auch mitten im Getümmel der Waffen spielen sie eine eben so ansehnliche Rolle. Was konnten Carls des Großen Gesetze (g) oder Bonifazens guter Wille, die persönlichen Dienste in gewisse Abgaben (dona) zu verändern, gegen eine herrschende Nationalidee frommen? Was konnte selbst die Stimme des Volks, und die lauten Klagen der Priester und Bischöffe vermögen? Zwar suchte man Ihnen ihre Fürstenehre und ihr Fürstengut mit feyerlichen Urkunden zu sichern, und erlaubte Ihnen, ihre Vasallen zum Heere zu schicken (h). Allein wie konnten sie sich mit Urkunden gegen gewaffnete Lehnherrn, Ritter und Edelleute wehren, die Lust bekommen konnten, sich der Güter zu bemächtigen, von denen kein Kriegsdienst geleistet würde? So mußte eine herrschende Meynung über Gesetze, Wohlstand, und alle Hinder-

---

(g) Capit. de a. 803. apud Georg. p. 678.

(h) Möser Osnabrückische Geschichte Th. I. S. 235.

niſſe ſiegen, und der Geiſtliche in den Waffen, eine
ſo alltägliche Erſcheinung werden, daß die Kaiſer
kein Bedenken trugen, bey der dem Volke und der
Geiſtlichkeit geſtatteten Wahlfreyheit ſich zu bedin-
gen, daß immer nur ein ſolcher gewählt werde, der
die königlichen Dienſte (regalia obſequia) zu ver-
ſehen im Stande wäre.

Wem es nun nicht unbekannt iſt, daß nur der
edle freye Mann zu perſönlichen Kriegsdienſten fähig
geweſen ſey, der wird es gar leicht begreifen, wie
ſehr dieſer Umſtand zum Vortheile des Adels in
den Stiftern gewirkt habe.

Aber wie hätte auch der Adel ſein Intereſſe ſo
ſehr verkennen ſollen, daß er nicht um den alleinigen Beſitz ſich beworben hätte? Die ſtrenge Mönchs-
disciplin fieng nun an, milder zu werden. Die
Tafel wurde prächtiger und liberaler; die Kleidung
freyer und üppiger — der Ton geſellſchaftlicher.
Wer einige Wohlthaten der Freyheit genoſſen hat,
wünſcht ſie alle; und ſiehe da: die einſamen Clauſen
der Chrodegangiſchen Brüder eröffneten ſich plötz-
lich, — die Looßung war Freyheit, und hauſen-
weiſe ſtrömten ſie hervor in die Welt (i). So wa-

(i) Annaliſta Saxo apud Eckart. Corpus hiſt. Tom. I.
P. 478.

ren mit Einem Schlage alle die Hindernisse gehoben,
welche vormals die Herren und Ritter von der Be=
werbung um Pfründen abgehalten hatten. Der auf
eine so vortheilhafte Art in einen Domherrn umge=
schaffene Chrodegangische Chorherr bezog einen eige=
nen Hof; wählte sich mit voller Freyheit seine Die=
ner; hielt eigne Tafel; zog eigne Einkünfte, und
hatte das Vergnügen, wenn er seine Horen abge=
betet hatte, für sich zu seyn. Waren dies nicht
Reize genug für den Adel, ihre Söhne und Anver=
wandte auf eine so glänzende Art zu versorgen (k)?
Die Bedürfnisse des Adels vermehrten sich natür=
lich, wie die Bedürfnisse aller Stände. So wenig
man damals an Primogenitur, oder sonst an eine
andre Art, einem Einzigen die Güter zum größern
Glanze der Familie in die Hände zu spielen, ge=
dacht haben mochte, so lag doch der Vortheil, einige
Glieder seiner Familie auf eine andre Art, als aus
den Gütern derselben zu versorgen, zu offenbar da,
als daß man ihn nicht hätte ergreifen sollen. Und
wo both sich eine bequemere Gelegenheit dar, als bey
den Domstiftern, zumal da sich hier politische und
religieuse Absichten einander so schwesterlich die
Hände bothen? Nach den herschenden Gesinnungen

(k) Muratori antiqvit. Ital. med. ævi Part. I. col. 841.

dieſer Zeit konnte es einer Familie nicht gleichgültig
ſeyn, einen aus ihrem Mittel dem Dienſte Gottes
zu opfern, und von deſſen Gebete den Seegen des
Himmels hienieden, und jenſeits des Grabes ewige
Freuden als unmittelbare Folge zu erwarten. Konnte
man dieſen Zweck erreichen, ohne ſeinen Sohn, oder
Anverwandten gegen ſeine Neigung, und Erziehung
in eine einſame Mönchsclauſe zu ſtecken; ja, konnte
man hiemit noch die an ſich zwar unheilige, aber
dennoch der menſchlichen Natur gewiß angemeſſene
Abſicht erreichen, den Glanz ſeiner Familie zu befördern, ſo müſte man entweder eine gänzliche Indolenz des Adels gegen all' ſeine Vortheile annehmen,
oder man muß zugeben, daß ſich derſelbe mit Auß-
bietung aller politiſchen Künſte um Domherrnſtellen
beworben habe. — Man könnte vielleicht ſagen,
daß auch der Unadel die nemlichen Reize an dieſen
Pfründen gefunden habe. Allein, was war, oder
was konnte in dieſen Zeiten der Unadel? Will ein
Stand, der an und für ſich keine Macht in Händen
hat, um ſich zu heben, einem mächtigen Stande
in der bürgerlichen Geſellſchaft das Gleichgewicht
halten, oder ihm etwa gar den Rang abgewinnen:
ſo ſetzet die geſunde Vernunft ſowohl, als die Geſchichte bey demſelben eine überwiegende Summe
von geiſtiſchen Vorzügen zum voraus. Die

Hinderniſſe, welche der Mangel an Macht der
Erhöhung einer ſolchen Menſchenclaſſe entgegen-
ſetzet, zumal wenn ihr Intereſſe mit dem Intereſſe
einer mächtigern Claſſe in Colliſion kömmt, müſſen
durch ihre vorzügliche Geſchicklichkeit, durch ausgezeichnete Politik, durch Geſchäftsklugheit gehoben
werden. Nebſt dieſem aber muß der mächtigere
Stand, von welchem die Rede iſt, zu ſeinem Vortheile keine andre Hülfsmittel haben, als Macht,
weil, wenn ſich zu derſelben auch geiſtiſche Vorzüge geſellen, zuletzt immer der Fall möglich iſt, daß
ſich die Vorzüge der beyden Stände compenſiren, oder
gar die Vorzüge der letzten Claſſe ein Uebergewicht
gewinnen. — Allein nun lehrt uns die Geſchichte,
daß die Eigenſchaften, welche zur Erhaltung des
Gleich- oder Uebergewichts im Gegenſatze des mächtigen Adels erfoderlich geweſen waren, dem Unadel
faſt gänzlich mangelten. — Wir finden, daß der
Nichtadeliche entweder frey, oder leibeigen war.
Zwar war die Kabale der Sclaven unter Ludwig dem Frommen ſehr mächtig, und konnte
den Meiſter um ſo eher ſpielen, da ſie vom Hofe
aus unterſtützt wurde. Allein die Gründe, warum
damals der Adel die leibeigne nicht eben ſo ſehr
um geiſtliche Stellen beneidete, habe ich ſchon
angeführt; zu geſchweigen, daß die von dem Adel

schon damals geführten Klagen dem Uebergewichte
der Sclaven keine lange Existenz versprachen. Die
Zeiten veränderten sich, wie ich schon erwähnte. Und
war gleich einer oder der andre unter den Leibeignen, welcher schon von Natur ausgerüstet mit vorzüglichen Gaben, das Glück hatte, seinem Herrn
zu gefallen, und daher etwa am Hofe, oder im
Schlosse erzogen zu werden, so war doch im Ganzen der Zustand, und die Erziehung der Leibeignen,
nicht von der Beschaffenheit, daß er dem Adel,
wenn er auch keine Rücksicht auf seine Macht nehmen wollte, durch die Vorzüge des Geistes einigermaß-
sen das Gleichgewicht hätte halten können. Was
den freyen Unadel betriffe, so war die Anzahl des-
jenigen, der auf dem platten Lande wohnte, zu ge-
ring, als daß er eine ausgezeichnete Rolle hätte
spielen sollen. — Ihm war es genug, die Güter
anzubauen, die er von seinen Vätern ererbet hatte —
da lebte er genügsam und ruhig, und strebte nach
keinem andern Ruhme, als, wenn ihn das Aufge-
bot zum Kriege rief, keiner der verächtlichsten Krieger seines Königs zu seyn. Der Sohn lernte nichts
mehr als sein Vater konnte; und hatte er gleich
Gaben genug gehabt, um etwas mehr als ein freyer
Landmann zu werden, so war dennoch eine stolze
Domherrncurie für seine Wünsche zu hoch. Noch

eher ließ sich gedenken, daß der Freye in den Städten Anspruch auf Dompfründen gemacht hätte. Die
glänzende Aussenseite dieses Standes lag dem freyen
Bewohner der Stadt zu nahe, als daß sie bey ihm
nicht die Begierde hätte rege machen sollen, auch ein
Glied einer so ansehnlichen Versammlung zu werden. Zudem hatte er mehrere Mittel in Händen,
sich so zu befähigen, daß er sich jedem vom Adel an
die Seite setzen konnte. Wenn es ferner historisch
gewisse Thatsache ist, daß nach Erbauung der Städte
viele vom Adel sich in die Städte begaben, so wurde
der freye Bürgerstand hiedurch mit dem Adel etwas
genauer verbunden. Die Adeliche in den Städten
machten auf diese Art gleichsam den Mittelstand
aus, wodurch der bloße Freye sich dem Adel an-
schloß, und der Zwischenraum einigermassen dem
Auge entzogen wurde, welcher zwischen dem Adel
und dem Stande der bloßen Freyen in einer bürgerlichen Gesellschaft befindlich ist. So will ich es
gerne zugeben, daß mancher ehrliche Bürgerssohn
durch vorzügliche Talente und Geschicklichkeit sich
einen Platz in dem Chore der Cathedralkirche erwarb.
Allein, wenn gleich von den ältesten Zeiten her
schon adeliche Geschlechter in den Städten waren, so
läßt es sich doch eben so gut gedenken, daß der Hof der
Bischöffe, und die glänzenden Curien der Domherrn

erst ihre Anverwandte in die Städte zogen. Zwar
konnten sie ihre Rittergüter und Schlösser, den
Stolz der adelichen Geschlechter, beybehalten; aber
die Reize des Stadtlebens, welche den Bischöffen
und Domherrn zu Gebote standen, konnten doch
wohl auf den stolzesten Ritter, der Kaufmannschaft
und Gewerbe für erniedrigend hielt, und sich nichts
bessers wußte, als sein Schloß, und seinen Ritter-
sitz, so viel Eindruck machen, daß er seinen Aufenthalt auf dem Lande und in der Stadt theilte. Andre,
welche nicht so viel Anhänglichkeit an ihre väterliche
Erde hatten, weil ihr Gebiet klein, und ihr Schloß
nur Sitz der Armuth war, opferten gerne den ländli-
chen Aufenthalt einem ungleich behaglichern Leben bey
ihren städtischen Vettern, den reichen Domherrn auf.
Der Bischof erhielt bald eine ansehnliche Lehns-
mannschaft, welche zum Theile Hof- zum Theile
Kriegsdienste zu verrichten hatte. Ein großer Theil
des Adels mußte sich also in der Stadt, wenigstens
zu gewissen Zeiten aufhalten. So erschien nach
und nach ein großer Theil des Adels in den Städten, welche er nun nicht mehr wie Kerker ansehen
konnte, da sich die Umstände so sehr geändert hatten. Nimmt man nun diese Data als Gründe an,
welche wenigstens einen großen Theil des Adels zur
Wahl des städtischen Aufenthalts bestimmten, so

wird es begreiflich, wieviel eben dieser Aufenthalt zum ausschließlichen Besitze des Adels in Erzhohen und hohen Stiftern beygetragen habe. — Denn läßt sich wohl gedenken, daß bey den vielen Reizen, welche die Domherrnstellen hatten, der so natürliche ésprit de corps nicht auf Mittel verfallen sey, dieselbe dem Adel allein zuzuspielen? Doch man höre, wie das Interesse des Adels bey dieser Sache immer einen höhern Schwung erhält, und urtheile dann selbst, ob demselben die Domherrnstellen entgehen konnten.

Bey den Wahlen der Bischöffe hatte der Adel bishieher den stärksten Einfluß gehabt. Der Clerus und das Volk wurden von ihm bald gewonnen, wenn er nur einmal unter sich einig war, wer zum Bischoffe gewählt werden solle; zumahl da das Interesse den Erzhohen und hohen Domherren selten im Ganzen von jenem des ganzen Adels verschieden war, wenn es sich auch zuweilen in Hinsicht der zu wählenden Person hätte durchkreuzen sollen. So hatte der Adel das Mittel in Händen, der Regel nach immer einen vom Adel zum bischöflichen Sitze zu befördern. Dies Wahlrecht mußte ihnen um so wichtiger seyn, je mehr sie bisher wenigstens einzeln die Wohlthat gefühlt hatten, Bischöffe aus ihrer Anverwandtschaft zu haben. Allein die Capitel, die nun schon so wichtige Veränderungen zu ihrem Vortheile erlebt hatten, fiengen an, ihr wahres Interesse, das sich allein auf die Hoheit ihres eignen Standes bezog, besser einzusehen, und auf Mittel zu denken, den übrigen Clerus sowohl, als den Adel, und das Volk von dem Wahlrechte der Bischöffe auszuschließen.

Von Seiten des römischen Hofes begünstigte man diese Plane mit aller Macht. Der erste Schritt hiezu war, daß man die neue bisher unerhörte Lehre aufstellte, als machte der Bischof mit seinem Capitel nur Einen Körper aus, von welchem jener das Haupt, dieses aber die Glieder vorstellte (l). — Diese Lehre erzeugte die Revolution in dem Kirchenwesen, daß die Capitel entschiedene Vorzüge vor dem übrigen Clerus erhielten, und mit Ausschließung desselben allein von den Bischöffen zu Rathe gezogen wurden. Sobald einmal diese Lehre festen Fuß gefaßt hatte, fieng man an, eben die Grundsätze, welche man bey Pabstwahlen schon so glücklich durchgesetzt hatte, auch auf die Bischöffe anzuwenden, nemlich Wahl und Einwilligung — Worte, welche man bisher für gleichbedeutend gehalten hatte, zu unter-

_____

(1) C. 4. X. de his, quæ fiunt a Prælato sine consensu capituli. — Nachrichten vom Zustande der Gegenden und Stadt Juvavia. S. 544.

scheiden. Dem Clerus räumte man das Recht ein,
bey diesem wichtigen Geschäfte, seinen Rath zu er=
theilen, dem Capitel das Recht zu wählen, dem
Volke zu begehren und dem Adel einzustimmen, wie=
wohl man auch eine Wahl nicht für nichtig ansah,
wenn sie gleich der Adel nicht mit seiner Beystim=
mung (assensu) zu beehren für gut fand (m). Das
war denn natürlich ein fürchterlicher Schlag für den
Adel, sich mit einem einzigen Grundsatze, der bald
herrschend geworden war, von einem seiner wich=
tigsten Vorrechte verdrängt zu sehen. Ohne Ver=
suche blieb es nicht. Aber es waren Versuche der
Unmacht, welche für den Mächtigen bloße Vor=
würfe von begangener Ungerechtigkeit sind, aber
ihrer Unwichtigkeit wegen verlacht und vergessen
werden (n). Schon Innocenz II. bestättigte eine
Wahl, gegen welche sich der Adel gesetzt hatte, (q),
und Innocenz III. erklärte mit dürren Worten,
daß derjenige zum Bischof gewählt werden sollte,
auf welchen entweder das ganze Capitel, oder der
größere und vernünftigere Theil verfallen würde (p).

(m) Gerohus apud Baluzium miscell. T. V. p. 87.

(n) Schmidt Gesch. der Deutschen, Th. II. B. 6. Kap. 1.
    p. 505 f.

(o) Die angef. Stelle in Schmidt.

(p) C. 42. X. de elect. & electi potest.

Da zuletzt auch unsere Kaiſer den Willen der Päbſte befolgen und den Gewählten des Capitels als Biſchof anerkennen mußten: ſo verſtummte der weltliche Adel allmählig und ließ für die Folge, wenige Verſuche ausgenommen, die Capitel in dem ruhigen Beſitze, ihre Biſchöffe zu wählen (q).

Allein verdrängt von dem bisherigen Einfluſſe auf die Wahlen der Biſchöffe mußte der Adel noch ſchlimmere Folgen befürchten, als er bereits erlebt hatte, wenn die Capitel vom Unadel beſetzt werden ſollten. Ihr Intereſſe, das natürlich bey den Streitigkeiten mit den Capiteln ſich getheilt hatte, mußte ſich nun bey dem ruhigen Beſitze derſelben mit dem Intereſſe der Capitel vereinigen, um mit vereinigten Kräften ihre Anverwandtſchaft in den Chören der Erzhohen und hohen Stiftskirchen ſowohl, als auf den Sitzen der Biſchöffe zu erhalten. Je weniger unmittelbaren Einfluß ſie nun auf die innern Geſchäfte der Domcapitel hatten, deſto mehr mittelbare Einwirkung mußten ſie zu gewinnen ſuchen. — Wenn Ihnen dieſes glücklich von ſtatten gieng, ſo konnten ſie leicht das Opfer vergeſſen, welches Sie mit ihrem Rechte an den Biſchofswahlen machen mußten. Und in der That, ſo wahr es gleich iſt,

---

(q) Juvavia l, c,

daß der Adel der Stifter sich gegen die Gewalt setzte,
mit welcher man ihm ein wohlerworbenes Recht
entziehen wollte, so waren dennoch seine dagegen
erhobene Klagen weder nach ihrer Dauer noch
ihrer Intention von der Beschaffenheit, daß sie mit
dem Verluste seines Rechtes in einem Verhältnisse
gestanden wären. Der Grund hievon mochte freylich
zum Theil in der Uebermacht derjenigen liegen, welche
sich als Gegner des Adels durch ihre Verordnungen
erklärt hatten: — Allein es läßt sich auch gedenken,
daß der Adel nicht eben so ungerne das Recht, unmittelbar bey der Wahl eines Bischofs mitzuspre-
chenden Capiteln allein und ausschließlich eingeräumt
habe. Da dieselben mit lauter adelichen Geschlechtern besetzt waren, so war man um so weniger
in Gefahr, einen Bischof aus dem Unadel anerkennen zu müssen, weil mit dem Adel zugleich der übrige
Clerus und das Volk ihre Concurrenz bey Bischofs-
wahlen verloren, welche doch hie und da dem Interesse des Adels gefährlich war, und in der Zukunft noch ferner hätte seyn können.

Dieser Gedanke, den schon der größte unter den
teutschen Geschichtschreibern Michael Ignaz
Schmidt (r) äußerte, gewinnt um so mehr Wahr-

(r) l. c.

scheinlichkeit, wenn man die Bruchstücke von Registern durchgeht, welche uns teutscher Fleiß aus alten Denkmählern zusammentrug. Wohl reichen manche Register bis in das zehnte und eilfte Jahrhundert: aber da sie nur trockne Verzeichnisse von Vornamen sind, so lassen sie den Geschichtsforscher in Rücksicht der adelichen Mitglieder gemeiniglich unbefriediget. Nur selten trifft man im 11ten Jahrhunderte auf einige Geschlechtsnamen, welche der höhere Adel zu dieser Zeit bereits angenommen hatte. Allein die immer größre Menge von Mitgliedern ohne Geschlechtsnamen würde immer den Schluß auf den größten Theil von adelichen Mitgliedern oder gar auf eine unvermischte adeliche Versammlung höchst ungewiß und schwankend machen, wenn nicht andere Gründe, deren ich bereits einige angeführt habe, das scheinbar Gewagte dieses Schlusses einigermassen rechtfertigten. Weit entfernt daher, den ausschließlichen Besitz des Adels in dieser Periode für gewiß auszugeben, ist mir bey dem Mangel an Thatsachen, Wahrscheinlichkeit, wenn sie doch erreicht werden kann, schon hinlänglich. — Zwar versuchten es einzele Geschichtschreiber der Stifter, in denselben den ausschließlichen Besitz des Adels schon für diese Zeiten zu erweisen; oder nehmen ihn doch ohne einigen Beweis an, wie

Gropp (s) für Würzburg; Heyberger (t)
für Bamberg; Schaten (u) für Paderborn?
Allein was können mir diese apodictische Be=
hauptungen ohne Beweiß frommen? oder was
richtete Schaten aus, wenn er aus einer Ver=
ordnung des Bischofs zu Worms vom Jahr 1044,
worinn die Domherren daselbst nobiles worma-
tiensis ecclesiæ Commilitones genennt werden,
beweisen will, daß schon in diesem Jahr das Dom=
capitel zu Worms von dem Adel besetzt gewesen
sey? Könnte ihm der Zweifler nicht entgegensetzen,
daß nobilis eine doppelte Bedeutung habe, und
vom hohen Adel, oder überhaupt von einem Vor=
zuge, worinn er auch immer bestehe, verstanden
werden könne? — Allein im 12ten und 13ten Jahr=
hunderte, da auch der niedre Adel anfieng, Ge=
schlechtsnamen zu gebrauchen, wird es immer sicht=
barer, wie die ritterlichen oder Herrn und Dynasten,
wie auch Ministerialgeschlechter den ausschließlichen
Besitz der Erzhohen und hohen Dompräbenden an
sich rissen. Zwar sind die Register theils unvoll=
ständig, theils haben wir sie bey weitem nicht von

(s) Script. & rerum Wirceb. collect. noviss. T. I. p. 832.
(t) Wilhelm Joann Heyberger Ichnographia chro-
nici Babenbergensis diplom. P. prior Bamb. 1774. p. 73 §. 88.
(u) In annal. Paderborn. T. II. L. 18. p. 740.

C

allen Stiftern. — Hiezu kömmt, daß auf einer
Seite sich nicht alle Geschlechter sogleich Beynamen
zulegten, auf der andern aber, wenn sie es auch
thaten, sie dennoch nur von denjenigen geführt zu
werden pflegten, welche die Schlösser, und Rittergüter wirklich im Besitze hatten: Endlich dauerte die
Sitte in den Capiteln auf späte Zeiten, selbst
bis in das funfzehnte Jahrhundert fort, daß sich
besonders diejenigen, welche eine Ehrenstelle in
den Capiteln verwalteten, lieber nach dem Eh-
renamte benennten, als nach ihrem Geschlechte.
Alles dieses zusammengenommen, macht auch in
diesen Jahrhunderten den Gebrauch der Register
unsicher und schwer. — Wenn aber in dem Bis-
thume Halberstadt im 12ten und 13ten Jahrhunderte alle Bischöffe von fürstlichen, gräflichen und
dynastischen Familien entsprossen waren; — Wenn
die meisten Dompröbste edle Geschlechtsnamen führen, und ein einziger Schustersohn aus einem Dorfe
bey Halberstadt, Johannes Semeia, der noch
dazu sich unter der Firma des Adels, wie ich nachher zeigen werde, als hochgelehrter und berühmter
Doctor der Decrete in das Capitel schlich, in der
Reihe derselben sich befindet; wenn über dies seine hochadelichen Mitbrüder, die Grafen von Diepholt,
Kirchberg, Reinstein und Stollberg bey

jeder Gelegenheit den hochgelehrten Doctor an
seine Schustersherkunft erinnerten; — Wenn
schon im zwölften Jahrhunderte, wo bey weitem nicht
Alle Geschlechtsnamen führten, unter 54 genannten offenbar 27 aus alten fürstlichen, gräflichen und
dynastischen Häusern entsprossen waren; wenn endlich im dreyzehnten Jahrhunderte unter 83 offenbar 68 vom Adel waren, die übrigen aber sich nur
schlechtweg entweder mit Vornamen bezeichnen, oder
den beliebten Titel eines Priesters oder Diacons
führen: so wird der Schluß auf die Oberhand des
Adels in dem Capitel zu Halberstadt nicht zu kühn
oder unbescheiden seyn (w). Ja, wenn man von
den Eigenschaften der Meisten in einem Collegium
nach den Grundsätzen der Logik eine Regel für diejenigen zu abstrahiren befugt ist, welche in dasselbe
aufgenommen zu werden wünschen, so kann ich in
Hinsicht des Capitels zu Halberstadt den Adel um
so mehr als eine nothwendige Eigenschaft der Aufnahme gelten lassen, als von der offenbar größern
Anzahl gewiß ist, daß sie vom Adel war, hingegen
von der offenbar kleinern Anzahl ungewiß, ob sie
vom Unadel gewesen sey. — Treffe ich nun dieses

(w) Lenzens diplomatische Stifts- und Landeshistorie
von Halberstadt, Halle 1749. S. 29. 56. 336. 169.

Verhältniß in andern Stiftern übereinstimmend mit
jenem von Halberstadt an; — sehe ich in den
Registern der Domherrn zu Wirzburg, daß sich mit
dem ersten Gebrauche der Geschlechtsnamen schon
mehrere zeigen, welche sie führen, z. B. ein Herr v o n
H e ſ ſ e n b e r g und v o n B e i e r b a c h (x) u. d. g. —
daß im dreyzehnten Jahrhunderte sehr wenige ohne
Geschlechtsnamen aufgeführt sind, und daß diejenigen,
welche entweder kein Von bey ihrem Geschlechts=
namen haben, oder sich schlechthin mit ihren Tauf=
namen bezeichnen, vielleicht eben so gut von adelichen
Geschlechtern waren, als die im vierzehnten Jahr=
hunderte vorkommenden H e i n r i c h S p e t h, und
F r i d r i c h K ü c h e n m e i s t e r (y): so wird mein
Schluß etwas allgemeiner und sicherer. — Die
Autonomie, welche fast allein statt aller Gesetze bey
jedem einzelnen Menschen eben so, wie bey ganzen
Gemeinheiten war, ist zuletzt auf Nachahmung
gegründet: — Eine Norm, welche in der Natur
der Sache liegt. Ein benachbartes Capitel sah die
Sitte von einem andern, vermöge welcher dasselbe
nur dem Adel der Regel nach den Zutritt ver=
gönnte. Die Sitte gefiel, ward von dem ganzen

(x) Gropp l. c. p. 840.

(y) Unter Bischof Gottfried von 1303 — 1314.

Adel eines Stiftes begünstiget, und gieng so von einem Staate zum andern über. Was man bishieher blos durch Observanz einzuführen gesucht hatte, das mußte und sollte durch Mittel, welche man in Händen hatte, noch fester und unumstößlicher gegründet werden. Die Mittel lagen in der collegialischen Verfassung. Man machte Statute, nur um dem Adel einen Zutritt in die Capitel zu vergönnen. Das Recht, Statute zu machen, räumt ihnen wohl jeder ein! Aber wie? Sollten sie auch das Recht haben, mit einem einzigen Statute den Unadel zu verdrängen, und die Meynung der Stifter zu vereiteln, die ohne Rücksicht auf Geburt und Ahnen nur für Frömmigkeit und Andacht sorgten? Allein man entwickle nur die Begriffe, welche in diesen unbestimmten Zweifeln liegen, um die Rechtmäßigkeit eines solchen Statutes darzuthun. Die ersten Stifter begnügten sich bey Gründung der Bisthümer und des bischöflichen Clerus, die allgemeine Absicht ihrer Stiftung dahin anzugeben, daß sie den Dienst des Herrn und die Wohlfahrt der Kirche befördern wollten. (Kap. I.) Die Stifter einzelner Präbenden folgten diesem Beyspiele, oder schrieben bey Abfassung ihrer Urkunden die Formulare der alten Stiftungsbriefe ab. Die Eigenschaften der Personen ließen sie unbestimmt. Ist nun aber in der ersten

Stiftung dieser oder jener Punct unberührt und unbestimmt geblieben, so liegt hierinn noch keine Verbindlichkeit der Nachkommen, denselben unbestimmt zu lassen. Vielmehr scheint mir gerade da, wo eine Unbestimmtheit gelassen worden ist, das Bestimmungsrecht der Capitel am ersten einzutreten, wenn sie nur dasselbe nicht zur Vereitlung des offenbar in den ursprünglichen Stiftungen ausgedrückten Zweckes misbrauchen: Nun war aber in Rücksicht der in die Capitel aufzunehmenden Personen offenbar eine Unbestimmtheit in den Stiftungen, folglich konnten die Eigenschaften derselben bestimmt werden. Und Wer anders, als die Capitel hätte das Recht haben sollen, diese Eigenschaften zu bestimmen? In den meisten Stiftungsbriefen hatten sie das Recht erhalten, über die Ihnen eingeräumte Güter und Rechte nach Willkühr zu disponiren, und so schließe ich, folglich auch zu bestimmen: Wer an diesen Gütern einen Antheil zu nehmen befugt seyn sollte. Sie bestimmten, daß nur der Adel allein dieses Rechtes fähig seyn sollte: Was war wohl hieben zu erinnern? Vereitelten etwa die Capitel hiemit den Hauptzweck der Stifter, welche ihre Güter und Rechte nur für fromme, andächtige Leute bestimmten? Aber Wer kann mir in den Begriffen eines Hochadelichen und frommen

Mannes einen Widerspruch zeigen? War der Adel
nicht eben so fähig zu beten und zu singen als der
Unadel? — Oder entzogen etwa die Capitel dem
Unadel ein wohlerworbenes Recht? Allein woraus
wollte der Unadel ein wohlerworbenes Recht auf
die Capitel erweisen? Etwa, weil bisher einzelne
vom Unadel in den Capiteln waren? Gut: so
hatten diese einzelne mit Präbenden versehene vom
Unadel ein wohlerworbenes Recht auf ihre Präbenden. — Sie hätten über Unrecht klagen können,
wenn man sie von dem rechtmäßig erlangten Besitze dieser Präbenden hätte verdrängen wollen? Aber
wie will man hieraus ein wohlerworbenes Recht für
den Unadel folgern, oder wie will man um deßwillen den Capiteln eine Verbindlichkeit auflegen, sich fernerhin Mitglieder aus dem Unadel zu
wählen? Sie verbanden sich untereinander wech-
selsweise, die erledigten Präbenden nur an den Adel
zu vergeben. Da sie dieselben vergeben konnten, an
wen sie wollten, so konnte der Unadel nicht über
Unrecht klagen, wenn er übergangen wurde. Allein
wenn man auch vielleicht kein Bedenken tragen
würde, die Rechtmäßigkeit dieser Statute in Rücksicht der Capitel zuzugeben, so wird man mir dennoch dieselbe in Rücksicht eines Drittern, der etwa
das Recht hätte, gewisse Präbenden zu besetzen,

nicht einräumen. In dieser Rücksicht gewinnt freylich die Sache eine etwas veränderte Gestalt. Man könnte sagen, dem Pabste stand bisher das Recht zu, gewisse erledigte Präbenden zu vergeben; bisher war er nicht an Statute gebunden, und konnte nach Willkühr dem Unadel sowohl, als dem Adel eine ansehnliche Gnade mit einer Präbende erweisen. Nun sollte er gebunden seyn; sollte nur dem Adel eine Gnade erzeigen können, ohne je in diese Veränderung eingewilliget zu haben? Allein so entscheidend bereits die Machtsprüche der Päbste waren, und so demüthig die Capitel den mit Bann und Interdict bewaffneten Befehlen derselben zu gehorchen gewohnt waren, so getrauten sich dennoch die Päbste nicht, mit Hintansetzung aller Rücksicht nach bloßer Willkühr in dieser Sache zu verfahren. Es war der Geist der Freyheit noch zu bekannt, den eine Synode zu Cölln im neunten Jahrhunderte verbreitet hatte; worinn dem Pabste mit allem Nachdrucke gesagt wird, ja keine Präbende nach Willkühr und Machtsprüchen zu vergeben (z). Die Capitel hatten sich in Besitz gesetzt, über die erledigten Präbenden,

(z) Nullus unquam pontifex sine illorum conscientia de ipsa substantia minimam unquam prebendam alicui per potentiam non tribuat. Synod. Colonienf. de a. 883. apud Harzheim Concil. T. II. p. 36.

nach Wohlgefallen zu disponiren. Wer Lust hatte,
in dem Chore der Erzhohen und hohen Domstifter
zu glänzen, mußte seine Bitte an die Capitel richten, und von ihnen die Aufnahme, oder eine ab-
schlägige Antwort erwarten. Dies Recht hatten sie
nicht nur durch Verjährung erworben, und seit
unfürdenklicher Zeit ausgeübt, sondern wurden auch
in besondern Fällen in diesem Rechte auf das festeste
begründet (aa). Denn übereinstimmend mit diesen
Grundsätzen war die Praxis der Capitel. Die
Chronik von Wirzburg erzählt uns ein merkwürdiges Beyspiel einer von den Domherrn selbst ge-
schehenen Vergebung von dreyzehn Präbenden,
welche auf einmal in dem Domstifte zu Wirzburg
erlediget wurden (bb). Wie fest konnte sich der
Adel bey dem schon im dreyzehnten Jahrhunderte
bestehenden Statute über sein ausschließliches Recht
auf die Dompräbenden, nun bey so glücklich zusam-
mentreffenden Umständen setzen? Die Päbste schon
damals, wie noch heutzutage, mit Günstlingen und
Leuten umringt, welche auf Präbenden lauerten,
waren zwar immer geschäftig genug, ihre zudring-

(aa) Schmidt Gesch. Th. III. B. 6. S. 750.

(bb) Fries Wirzburg. Chronik S. 581. C. 29. conc.
Mog. de anno 1262 T. III. conc. Germ. p. 664.

lichen Candidaten mit Provisionen zu befriedigen,
welche sie bald in Form einer Empfehlung, oder
ernstlichen Ermahnung, bald in Form eines Be=
fehls ausfertigten. Aber diese Empfehlungen, diese
befehlsähnlichen Ermahnungen richtete doch Inno=
cenz III, und seine Nachfolger immer an die Ca=
pitel (cc); ein offenbarer Beweis, daß sie denselben
allein das Recht, die erledigten Präbenden zu ver=
geben, eingeräumt haben. Wollte also der Pabst
zu Rom Jemanden eine Gnade thun, so mußte er
sich gefallen lassen, ihn der Untersuchung der Capitel
zu unterwerfen, ob er auch nach ihrer hergebrachten
Verfassung zu einer Präbende fähig sey. Selbst die
ursprüngliche Form der päbstlichen Provisionen,
welche nichts als eine Empfehlung enthielten, redet
deutlich genug für die Capitel, und macht die Ver=
bindlichkeit der Päbste begreiflich, sich nach den
Statuten der Domstifter zu richten. Zwar arteten
die Empfehlungen in categorische Befehle aus, und
die Capitel als gehorsame Kinder der Kirche beug=
ten sich ehrfurchtsvoll vor diesen Befehlen: allein
wer kann hieraus den offenbar verschiedenen, gewiß
nicht in den factischen, von den Capiteln vielleicht
in einzelnen Fällen nicht widersprochenen Anmassun=

_____

(cc) Schmidt l. c.

gen liegenden Satz behaupten, daß er ein Recht
gehabt habe, nach Willkühr dem Nächsten, Besten,
wenn es nur seinem Interesse schmeichelte, eine Präbende in den Domstiftern zu verleihen? Indessen
was frommen hier rechtliche Erörterungen? Der
Pabst wagte es dennoch, die Observanzen und Statute
der Stifter über die ausschließliche Aufnahme des
Adels für unverbindlich und nichtig zu erklären.
Nie war sich die Politik des römischen Hofes, und
noch weniger waren seine Handlungen gleich. Gregor IX. hörte von dem Capitel zu Strasburg,
daß es seiner unadelichen Candidaten nicht aufzunehmen gesonnen sey. Eine päbstliche Creatur nicht anzunehmen, war mehr als Hochverrath: Man kennt
die Waffen des römischen Hofes. Ein geistliches Ansehen einem noch so widersinnigen Anspruche gegeben
mußte mehr wirken, als Gründe und Sieg durch
unheilige Waffen. Der an und für sich wahre Satz,
daß zu den Dienern der Kirche nur fromme, mit See-
lenadel und Tugend ausgerüstete Männer geschickt
wären, wurde zu einer offenbar falschen Schlußfolge
mißbraucht, nemlich zu dieser, daß also nicht allein
der Adel, sondern auch der Unadel zu Präbenden
der Domstifter fähig seyn müsse; zumal, fährt der
Pabst fort, da bey Gott kein Ansehn der Geburt,

ober des Standes ist u. d. g. (dd). Dieser Trug-
schluß mußte der Entscheidungsgrund seyn, ein
nach Eingeständniß des Pabstes selbst alte und verjährte Gewohnheit des Capitels zu Straßburg, nur
den Adel in sein Mittel aufzunehmen, mit einem
einzigen Federstriche aufzuheben, und dem ehrwürdigen Bischof in Portia zu befehlen, mit Aufbietung aller Mittel, welche er in seiner Gewalt hätte,
den vorgeschlagenen Candidaten von Unadel in den
Besitz einer Präbende zu setzen. Allein schon in
dem Statute selbst lag die Widerlegung des päbstlichen Schlusses, denn vermöge desselben sollte nur
ein nobilis liber, & ab utroque parente illustris,
aber zugleich, und was konnte der Pabst mehr
fodern? honestæ conservationis, & eminentis scientiæ
einer Präbende fähig seyn. Ich zweifle daher
sehr, ob sich der Anwald des Straßburgischen Capitels mit diesem päbstlichen Machtspruche beruhiget
habe. Wenigstens verfolgt die Geschichte diesen
Vorfall nicht weiter, vermuthlich, weil auch von
Seite des Pabstes die Aufnahme des Candidaten
nicht weiter betrieben wurde. Diese Verordnung
des Pabstes ward nun freylich ein Theil des cano-

(dd) C. 37. X. de præbend.

nischen Gesetzbuches, woraus Herr geheime Justizrath Böhmer zu Göttingen folgern will, daß damals, also im dreyzehnten Jahrhunderte gemeinen Rechtens gewesen sey, ohne Unterschied des Standes, Adel und Unadel in die Capitel aufzunehmen (ee). Allein wie mir dünkt, ist diese Schlußfolge zu rasch, und liegt keineswegs in den Prämissen. Viele Verordnungen der Päbste schlichen sich in die Sammlung der Decretalen ein, ohne daß man behaupten konnte, daß die in denselben entschiedenen Rechtssäze sogleich die Kraft eines gemeinen Rechts erhalten hätten. Vielmehr machte man bey Erscheinung mancher Verordnungen sogleich Widersprüche von allen Seiten, und sezte dieselben oft in wirklichen Thathandlungen durch. Das sieben und dreyßigste Capitel der Decretalen im Titel von Präbenden rührte weder von dem Schlusse einer Kirchenversammlung her, noch wurde die alte Sitte der Capitel irgend von einer Synode mißbilliget, oder verworfen (ff). Gregor IX. als Verfasser dieser Verordnung wurde Pabst 1227. Achtzehn Jahre darauf kam die Kirchenversammlung zu Lyon

---

(ee) In programm. de jure promotorum adspirandi ad beneficia ecclesiastica.

(ff) Thomassin Part. II. L. I. c. 104.

zu Stande, und fand in dem dasigen Stifte unter vier
und siebenzig Domherrn einen von kaiserlichem und
neun von königlichem Geblüte, 14. stammten von
herzoglichen, 30 von gräflichen, und 20 von herrlichen
Familien ab (gg). Warum suchte doch der Pabst nicht
auch in diesem Capitel seine Verordnung geltend zu
machen, wenn sie die Kraft eines gemeinen Rechtes
gehabt hat? 1287 kam Nicolaus IV. auf den
römischen Stuhl; warum setzte dieser unternehmende
Pabst die Gregorianische Verordnung nicht in dem
Capitel zu Trier durch (hh)? Ihm hatte bereits
Erzbischof Boemund den Weg gebahnt, und durch
die Versuche, welche er schon gewagt hatte, die
bereits verjährte Gewohnheit des Capitels, nur
Adeliche aufzunehmen, zu unterdrücken, den Unter-
nehmungen des Pabstes das Vorurtheil der Neuheit
entzogen, woran neue, wenn gleich noch so gute
Verordnungen gemeiniglich zu scheitern pflegen (ii).
Allein so thätig er auch im Gebrauche aller derjenigen
Mittel gewesen ist, welche ihm Politik und Macht an
die Hand gab, so dringende Befehle er ergehen ließ,

(gg) Sennertus in Chronol. ecclesiæ Lugd. ex tabulario
 cameræ computorum. Cf. Thomaſſ. l. c. p. 310.

(hh) Moſer Staatsrecht des Churfürſt. Trier S. 211.

(ii) Maſenius Annal. Trevir. L. XVI. p. 171.

i

so fürchterlich er mit Excommunication und Inter,
dicten drohte, so fand er dennoch das Capitel zu
Trier nicht biegsamer, als sein Vorläufer Boe=
mund (kk). Wie kam es, daß die Domherren zu
Würzburg kaum sechzig Jahre nach dieser Verord=
nung ohne Widerspruch mit einem Statute von eben
der Art auftraten (ll)? Warum sah es fast um eben
diese Zeit Bonifaz VIII. uneingedenk der Grego=
rianischen Verordnung für nöthig an, die uralte
statutenmäßige Observanz des Capitels zu Halber=
stadt, vermöge welcher die Domherrn daselbst von
edlen oder ritterlichen Geschlechtern seyn mußten,
zu bestättigen (mm)? Ich kann die Entscheidungs=
gründe, welche uns die päbstliche Urkunde in einem
barbarischen Style liefert, nicht übergehn, denn der

(kk) Aehnliche Versuche geschahen unter Erzbischof Phi=
lipp Christoph. Er wollte schon den Trierischen
Weihbischof Otto von Seeheim in Besitz setzen:
„quod‟ sagt Masenius: „nonnullis risum, aliis
„admirationem aut indignationem conciliavit. Ipse epi.
„scopus, non ignarus, quam inconstanter Sienam lude.
„ret, hanc sibi displicere novitatem ostendit: Verum
„tamen existimavit, prudentis esse, quandoque desipere
„in loco & necessitati aliquid praesenti dandum esse, donec
„mutetur choragus hujus comœdiæ.‟ L. XXVI. n. 100.

(ll) Schoepf von den Domherren des Stifts Wirz=
burg p. 56.

(mm) Lunig spicil. T. II. App. p. 36.

Pabst schildert darinn in dem Schicksale des Stiftes
Halberstadt fast das Schicksal aller Stifter. Die
Ländereyen und Güter des Stiftes, sagt der Pabst,
gränzen an die Güter und Schlösser der Großen
und Edeln dieses Landes. Sie — gereizt von den
schönen Einkünften, welche die Domherrn aus ihren
Besitzungen ziehen, suchen immer Gelegenheit zu
Streit und Fehden, — keine Gesetze halten die
Habsucht dieser Ritter zurücke, oder bestrafen die
ungerechten und gewaltsamen Angriffe der Kirchengüter. Ueberall hat sich das unselige Recht des
Stärkern verbreitet, welches die Großen und Edlen
des Landes in Händen haben. Die Waffen der
Kirche ziehen den Kürzern, ihre Güter werden verwüstet, und die Nahrung der Diener des Altars
wird ein Raub der Gottlosigkeit und des Frevels.
Bey dieser Lage der Sachen wurde dem staatsklugen
Pabste die alte Politik des Stiftes ganz begreiflich; —
kein Mittel konnte dasselbe mehr für Gewalt und
Verwüstung des Adels sichern, als der Entschluß,
denselben in sein Interesse zu ziehen. Und wie war
dies anders zu bewerkstelligen, als durch ein Statut,
wodurch dem Adel diese Güter selbst in die Hände
gespielt wurden. Sollte nun der Herr oder Ritter
die Güter verheeren, aus welchen seine Anverwandtschaft ihre Nahrung zog? Sollte er die Wohnungen

seiner Söhne und Vetter zerstören, oder die Schätze
seinen gierigen Vasallen und Knappen zur Beute
überlassen, an denen er für seine Nachkommenschaft
ein reichliches Auskommen vorhersehen mußte. Viel
vermogte zwar der Fluch, womit der Pabst zu Rom
die Räuber der Kirchengüter belegte, und wohlthätig, wenn irgend in einem Falle, war hier die Wirkung des Bannes, fast des einzigen Gegengewichtes
gegen die Tyranney des Faustrechtes. Aber noch
wirksamer war die Politik der Stifter, welche den
Gemeingeist des Adels, die so natürliche Liebe für
Nachkommenschaft und Glieder einerley Familie
und Standes ins Spiel zu ziehen wußten. Diese
Politik behagte dem römischen Hofe, wie ich bereits
erwähnte, und er trug kein Bedenken, dieselbe zu
bestättigen. War aber die Lage Halberstadts nicht
die Lage aller Stifter? Und sollten die Domherren
der übrigen Stifter nicht eben so klug gewesen seyn,
nicht eben so gut den Punct ihres Interesse verstanden haben, als die Herren von Halberstadt? Wohl
verstanden sie dasselbe: Wenn man die in spätern
Zeiten gemachten Statute der Stifter liest; —
selbst solche, in welchen das Doctorat, eine gesetz-
liche Existenz in den Stiftern erhielt; so berufen sich
dieselben immer auf mehr als hundertjährige Observanz zum alleinigen Vortheile des Adels. Eine

D

Bemerkung, welche den Zustand der Capitel selbst bey dem Abgange gleichzeitiger Nachrichten ungemein erläutert (nn). Nur glaubte der Hof zu Rom, vermöge seiner Allgewalt in einzelnen Fällen ein besonderes Interesse dem allgemeinen vorziehen zu dürfen, und zwar den Adel in den Stiftern zu begünstigen, ohne jedoch auf der andern Seite einen Favoriten vom Unadel von dem Besitze setzer Präbenden völlig auszuschließen. Indessen ergiebt sich aus dem, was ich angeführt habe, daß weder die Päbste in ihren anfänglich gedusserten Grundsätzen sich gleichförmig geblieben, noch auch die Stifter in Teutschland sich so geradezu von ihren uralten Observanzen und Statuten ohne allen Widerspruch haben verdrängen lassen. Das berüchtigte sieben und dreyßigste Kapitel der Decretälen im Titel von Präbenden erhielt also die Kraft eines gemeinen Rechtes nie, und das allgemeine Uebergewicht des Adels in den Domstiftern war fest und unumstößlich gegründet. In der Folge boten sich den Capiteln Mittel genug dar, ihren Besitz noch dauerhafter zu

---

(nn) Von Hildesheim bey Böhmer observatio de jure promotorum p. 10. von Mannz und allen Suffraganen bey Würdtwein subsid. dip. T. IV. p. 168. seq. von Minden bey ebend. T. X. p. 272. von Meissen, Merseburg und Naumburg bey Cramer de jurib. & prærog. nobb. avit. Vorl. N. XV. u. d. g.

machen. Die Bischöffe, mit denen sie ohnehin von
der Zeit an, da sie das ausschließliche Wahlrecht
erhalten hatten, näher verbunden wurden, wußten
sie für ihr Interesse zu gewinnen. Schon in diese
Zeiten fällt der Ursprung, der in der Folge für die
Grundverfassung der geistlichen Stifter so wichtig
gewordenen Capitulationen. Diese gebrauchten die
Capitel sehr weislich bey neuen Wahlen dazu, um
sich ihre alten Gewohnheiten und Observanzen be=
stättigen zu lassen. Schon im zwölsten Jahrhun=
derte sagt Bischof Otto von Freisingen, daß er
die alten Gewohnheiten der Capitel, wie Gesetze
ansehe (oo). War einmal der Bischof für das
Interesse des Capitels gewonnen, und konnte man
von ihm erwarten, daß er in Hinsicht der päbstlichen
Attentate gemeinsame Sache mit ihnen machen
würde, so mußte die Verfassung der Capitel hie=
durch mehr Festigkeit erhalten. Hiezu kam das
Ansehen der Domherren, das wider alle Erwar=
tung in kurzer Zeit bis zu einer staunenswürdigen
Größe heranwuchs. Der Bischof Berthold von
Nassau erklärt sich in einer Urkunde von 1251,
nicht nur die alten Gewohnheiten und Statute sei=
nes Capitels aufrecht zu erhalten; sondern setzt auch

(oo) Lunig l. c. T. II. p. 293.

die Mitglieder desselben, in Hinsicht des Ranges
eben so hoch über alle übrige Prälaten seines Spren=
gels, als die Cardinäle des apostolischen Stuhls
samt dem Pabste über alle Hierarchen der catholi=
schen Kirche erhaben waren (pp). Bey diesem An=
sehen, welches die Domherren im Innern der Diöceß
erlangten, mußte es Ihnen ein leichtes seyn, die
Widersprüche gegen das ausschließliche Recht des
Adels zu Dompräbenden entweder zu unterdrücken,
oder doch zurücke zu halten. Wie konnte es auch
einem Manne vom Unadel nur einfallen, mitten
unter den Ahnenreichen Herren einen Platz zu erlan=
gen, der ihm gewiß durch die Vorwürfe verbittert
worden wäre, welche man noch heut zu Tage von
dem Pöbel des Adels erwarten müßte. Das Ansehn
der Stiftsherrn wurde unterdessen noch mehr durch
die Vereinigung mehrerer Präbenden in einer und
derselben Person vermehrt. Sehr hoch und schwer
verboten zwar die Kirchengesetze den Besitz mehrerer
Präbenden: allein die Strenge derselben wendete
man nie auf den Adel an. Vielmehr fand es die

(pp) Cum Canonici cathedrales sint supra prælatos suæ diœ-
cesis universos, sicut Cardinales sedis apostolicæ cum
summo pontifice super ecclesiam catholicam univer-
sam. — Dip. episc. Bertholdi de a. 1161 in Hansiz
Germ. Sacra T. I. p. 391.

Gesetzgebung selbst für nöthig, in Hinsicht desselben eine Ausnahme zu machen, und erlaubte dem Canonicus vom Adel, mehr als eine Präbende zu haben (qq). Hiedurch gewann der Domherr des Einen Stifts auch Einfluß in das Capitel des Andern, und trüg vielleicht den Geist des einen Stiftes mit in das Andre über. Die Einkünfte des Adels vermehrten sich, und mit ihnen die Mittel, sich in dem ausschließlichen Besitze der Dompräbenden zu erhalten. Bey allem dem ließen sich die Päbste die Hände nicht ganz binden; Ein Liebling vom Unadel wollte versorgt seyn, und wo konnte er eine bessere Versorgung finden, als in den Erzhohen und hohen Stiftern Teutschlands. Nicht alle Capitel hatten Muth genug, sich so standhaft, wie das zu Trier, gegen die Zudringlichkeiten der päbstlichen Curie zu setzen. Zudem kam es in einzelnen Stiftern auf das persönliche Verhältniß der Bischöffe und des größern Theiles der Domherren zum römischen Hofe, auf die mehr oder minder aufgeklärte Denkungsart, auf Furcht, auf Hofnung, auf Religiosität, und, was freylich das meiste beytragen mochte, auf Leidenschaften an,

---

(qq) C. 28. X. de præb. Extrav. execrabil. de præl. & dig. „qui propter sublimitatem eorum, & generis claritatem sunt potioris prærogativæ gratia attollendi.“

welche dennoch zuweilen zum Vortheile des römischen Hofes in Bewegung gesetzt wurden. Nach
dieser Lage der Sachen schlichen sich hie und da
päbstliche Creaturen in die Capitel ein, wenn sie
gleich weder von Rittern, von Herren, oder Mini-
sterialgeschlechtern waren. Eben so mochte auch
mancher Bischof einem seiner Diener, der ihm etwa
treue Dienste geleistet hatte, eine Präbende im
Domstifte verschaft haben. Wenn man indessen
über die Sache im Ganzen nachdenkt, so zeigt sich,
daß diese einzelnen Fälle dem ausschließlichen Rechte
des Adels wenig geschadet haben. Wir stehen in
einer Periode, in welcher man bey weitem zu einem
stiftsmäßigen Adel das nicht foderte, was man heut
zu Tage zu fodern pflegt. Zwar erwähnen schon
einige Statute des Adels von beyden Aeltern; —
aber an Aufzählung einer langen Reihe von Ahnen
dachte man nicht. Wenn nun der Pabst Jemanden
mit einer Präbende providirte, so war er gewöhnlich
schon in ansehnlichen Kirchenämtern gestanden, und
vielleicht gar ein auserwähltes Glied der Cardinäle.
Mit dem geistlichen Stande war an und für sich ein
überwiegender Grad von bürgerlicher Ehre verbunden, und nichts größeres wußte man sich gar,
als die Würde eines Cardinals. Sollte nun der
teutsche Herr, oder Ritter so leicht eine Gefährde

dabey haben finden können, wenn ein ansehnlicher
Prälat, oder gar ein Cardinal eine Ehre darinn
suchte, neben ihm im Chore zu sitzen. Die Aufnahme
solcher Herren gieng nicht so sehr gegen die Begriffe,
welche man vom Adel hatte, und vielleicht merkte
es manches Capitel nicht, daß es gegen seine
Statute handelte, wenn es den Ermahnungen oder
den Befehlen des Pabstes nachgab. Zudem war
die Geburt nicht der einzige Weg, zur ritterlichen
Würde zu gelangen. Wie? wenn die Aufnahme
in ein Domstift Ritterehre gegeben hätte? Eine
Vermuthung, welche S ch m i d t in seiner Geschichte
der Teutschen wagt, ohne sie jedoch weitläufiger
auszuführen (rr)? Wohl mag es seyn, daß solche Leute
in Rücksicht der bürgerlichen Gesellschaft Ritterehre
hatten, da sie Glieder einer ritterschaftlichen Gesellschaft waren. Allein der Blick auf ihre Anverwandte, welche vielleicht oft zur niedrigsten Classe
des Volks gehörten, mußte natürlicher Weise gewisse Zweifel gegen ihre Ritterschaft erwecken. Der
Mann, ohne Vorurtheil schätzet noch heut zu Tage
die Verdienste, welche der Staat für würdig hielt,
mit dem Adel zu krönen. Allein wenn der Pabst

(rr) l. c.

feine Dompräbenden eben so an den Nichtswürdigen
verschwendete, wie zuweilen die Reichskanzley ihren
Briefadel, so ferne nur die Taxe in klingender
Münze erlegt wird; so ist es begreiflich, daß man
den bloßen Domherrnadel eben so erbärmlich fand,
wie heut zu Tage den Briefadel. Und dies mochte
wohl der Fall sehr oft gewesen seyn. Die adelichen
Domherrn pflegten sich nie von ihrem Geburtsorte
zu benennen, sondern bedienten sich entweder nebst
dem Tauf= auch der Familiennamen, oder nur
gerade zu der Taufnamen, zumal, wenn sie, wie
ich schon oben erwähnte, gewisse Würden und
Prälaturen erlangt hatten. Die hie und da in die
Capitel gekommenen vom Unadel mitten unter Rit=
tern, Herren und Grafen würden daher eine kleine
Figur mit ihren bürgerlichen Namen gemacht ha=
ben. Sie verschwiegen also ihren Geschlechtsna=
men, so ehrbar auch derselbe gewesen seyn mochte,
und benennten sich von ihrem Geburtsorte. Von
dieser Art war ein gewisser Ludovicus de Colonia
ein Favorite des Maynzischen Erzbischofs Sifrid.
Allein diese Erfindung rettete den unadelichen Dom=
herrn weder vor dem Hasse, noch dem Gespötte
seiner Hochadelichen Chorgesellen, welche ihn
immer mit dem verhaßten Titel eines hominis

novi, oder intrusi zu bezeichnen pflegten (ss). Indessen ist sowohl diese Ziererey der bürgerlichen
Domherren, als der beständige Widerspruch des
höflichen Capitels dennoch ein offenbarer Beweis von
dem Rechte des Adels auf die Dompräbenden.

(ss) Gudenus Cod. Dipl. T. I. p. 605. 606.

Zweyte Abtheilung.

Von Entstehung des Doctorats bis auf den Westphälischen Frieden.

Erstes Kapitel.

Das Doctorat in den Erz- und hohen Domstiftern.

So war der Adel beynahe überall in dem alleinigen Besitze der Erzhohen und hohen Domstifter, als auf einmal eine unerwartete Erscheinung, die sich durch ganz Europa und nach und ausbreitete, die bis hieher festgesetzten Vortheile für den Adel zernichtete und Leute ohne allen Anspruch auf Rittergeblüt unter der Firma des Doctorats fast in alle Capitel einführte.

Schon im zwölften Jahrhunderte war es zwar allgemeine Sitte geworden, bey jeder Metropolitan- und Cathedralkirche einen, oder mehrere Lehrer anzustellen, und sie von den Präbenden der Domherrn zu unterhalten. Unwissenheit und Rohheit hatte sich beynahe in alle Kirchen eingeschlichen. Weit entfernt, daß sich der Clerus dem Studium der Theologie

widmen sollte, war er selbst unwissend in den ersten
Grundsätzen der Grammatik; Vegetirend verzehrte
er seine Einkünfte, und was das schlimmste war,
eine epicurдische Indolenz bemächtigte sich seiner
dergestalt, daß selbst der natürliche Hang nach
Kenntniß nie in ihnen erwachte, viel weniger zu
einer gewissen Reife gelangte. Da war denn freylich eine so mächtigwirkende äußre Kraft vonnöthen,
als damals in den Händen der Päbste war, den
Clerus aus seinem Schlummer zu wecken. Gewiß
wohlthätig in ihrer Wirkung, wenn gleich, wie
die neumodische Sprache lautet, nicht immer rein
genug, in ihren Absichten, gaben sie daher wieder-
holte Verordnungen, in jeder Cathedralkirche einen
Lehrer der Grammatik, in jeder Metropolitankirche
nebst diesem einen Gottesgelehrten anzustellen, und
ihm die Einkünfte einer Präbende anzuweisen (a).
Allein man wird es ohne mein Erinnern einsehen,
daß man in diesen Männern vergebens solche Doctoren suchen würde, als in der Folge auftretten. Es
waren vielmehr schlechte und rechte Lehrer ohne
Doctorhut und Mantel, wurden also durch einen solchen Ruf bey weitem noch keine Domherrn, sondern
genossen nur so lange die Einkünfte einer Präbende,

(a) C. 1. 4. X. de magistris, & ne aliquid exigatur.

als sie das Lehramt begleiteten (b). Diese getroffene
Einrichtung aber, so wie auch die ausgezeichneten
Vortheile, womit man die Gelehrtern aus dem
Mittel der Capitel begünstigte, mußte die Aufnahme
der Doctoren so vorbereiten, daß man sie in der Folge
mit offenen Armen empfieng (c).

Ich lasse hier den wichtigen Streit unentschieden,
den Paris und Bologna um die Ehre führen, das
erste Wundergeschöpf, das man Doctor nennt, auf
seinem Grund und Boden erblickt, und angestaunt
zu haben. Streiten doch auch so viele Städte Grie-
chenlands um die Ehre, Homers Geburtsort zu
seyn? Soviel ist gewiß, daß im zwölften Jahrhunderte überall noch keiner, im dreyzehnten wenige
zu Paris und Bologna die Catheder bestiegen (d).
In Teutschland fand diese seltne Pflanze später ihr
Gedeyhen. In Frankreich und Italien war die

(b) C. 4. ejusdem tit. „Non, quod propter hoc efficiatur
„canonicus, sed tamdiu reditus ipsos percipiat, quam-
„diu perstiterit in docendo.‟

(c) C. 5, X. de magistris.

(d) Conring de antiq. acad. dissert. 4. p. 135 seq. in Suppl.
p. 364. Vitriarius Lib. 4. Inst, jur. publ. tit. 10. Nach
Conring sollen Aegydius Columna genannt
Romanus, und Peter von Tarantasia, der
in der Folge Pabst unter dem Namen Clemens IV.
geworden ist, die ersten Doctoren zu Paris geworden
seyn.

Anzahl der Doctoren schon zu einer ziemlichen Anzahl herangewachsen, schon waren alle Misbräuche
mit der Ertheilung dieser Würde verbunden, schon
herrschte der größte Luxus in Festins und Kleidern,
schon fand Clemens V. für nöthig, jedem Candidaten einen Eyd abnehmen zu lassen, daß er
nicht mehr als 3000 Turonenser verschwenden wolle,
schon klagte eben dieser Pabst, der Weg zur Doctorwürde stehe nur dem reichen Ignoranten offen (e),
als zwar mancher rüstige Doctor von Bologna oder
Paris in unsre Gegenden kam (f), aber doch noch
immer für ein gelehrtes Abentheuer gehalten
wurde (g).

Aber im vierzehnten Jahrhunderte, als Carl IV.
die Universität zu Prag nach dem Muster von Paris
errichtet und Doctoren vom Auslande berufen hatte,
ward nicht allein die Doctorwürde, sondern auch

_____

(e) Clement. 2. de magistris.

(f) Z. B. Johannes Semeca, genannt Hans der
Teutsche, der Dompropst in Halberstadt war, und
1245 gestorben ist.

(g) Der Ulmische Mönch Felix Faber L. I. hist. Suev,
c. 8. sagt:

    „Pro monstro habitum magistrum, vel baccalaureum, &
  „inter mille clericos non repertum unum, qui saltem
  „vidisset universitatis alicuius locum.“

die hohe Meynung, die man schon von ihr gefaßt
hatte, gäng und gebe (h).

Es wird von Schritt zu Schritte immer sichtbarer, wie sich alles neigt zum offenbaren Vortheile der Doctoren, wie sie mit entschiedenen Vorzügen in die Capitel dringen, und wie sie der rit-
terstolze Domherr mit Bewundrung und Ehrfurcht
neben sich im Chore ansieht! Und wie konnte es
wohl anders gehn bey den vielen zusammenwirken-
den Ursachen, ihnen nicht nur bleibende Vorzüge
zu gewähren, sondern auch die Meynung selbst zu
begründen, daß die Würde des Doctors, Adel,
ja selbst noch mehr als Adel sey?

Der Schutz, womit die Päbste das Doctorat
gleich bey seiner Erscheinung unterstützten, gab
unstreitig den Doctoren bald ein entschiedenes Ansehen: Wenn ich gleich überzeugt bin, daß Conring's (i) und Christian Thomasius (k)
Behauptungen zu weit gehen, wenn sie auch hier,
so wie überall, nichts als seine Politik des römischen Hofes sehen wollen, der die Doctoren erhob,
um durch ihre Federn und Lehren desto gewisser

(h) Lehmann Chron. Spir. L. 7. c. 38.

(i) Differt. V. de antiquit. acad. p. 159.

(k) De hominibus propriis §. 94.

wirken zu können: so scheinen mir doch die Bemühungen der Päbste, den Doctoren nur solche Vorzüge zu geben, die sie näher an ihr Interesse an-
ketteten, unverkennbar in der Geschichte zu liegen.
All' der Kleiderpomp, der besonders unaufgeklärten
Menschen, Bewundrung und Ehrfurcht abzwingt,
womit man Kopf, Hände und Schultern der Doctoren ziert, ist wohl in seinem Anfange nichts anders
als Copie der Priesterkleidung. Wer erkennt in
der purpurnen Epomis nicht die Capuße, und in
dem Hute den Priesterhut, wie wohl er freylich
so gut, wie der weltliche, manche Moden durch-
machen muste, und erst im sechzehnten Jahrhunderte in dem ißigen Zuschnitte erscheinen konnte.
Der goldne Ring war ein Symbol bey Verlei-
hung geistlicher Aemter (l), und der lange Doctors-
rock auch jener des Geistlichen. Die Canzler der
Academien waren Bischöffe, Pröbste und Dechante
der Stifter, die Grade selbst wurden unter geistlicher Auctorität ertheilt; kurz, alles schien sich dahin zu vereinigen, die Doctoren dem geistlichen
Stande anzuschließen und ihr Ansehen soviel möglich zu erhöhen (m). Aber freylich, in uns selbst

---

(l) C. 3. X. de his, quæ fiunt à major.
(m) Conring l. c. Suppl. 67. p. 364.

liegt ein Drang, der uns nach Ehre und Hoheit streben heißt. Finden wir den Weg hiezu in uns, so betretten wir denselben desto eifriger, je schmei‡ chelhafter es ist, aus eignen Kräften groß gewor‡ den zu seyn.

Die Doctoren sahen sich auf einmal in dem Besitze so großer Ehre und mochten sich wohl selbst über diese Metamorphose gewundert haben. Ihr Selbstgefühl noch mit der Gewißheit zu erhöhen, daß ihre Vorzüge selbst in den Gesetzen gegründet seyen, schlugen sie ihre angebeteten Gesetzbücher auf, und fanden mit Erstaunen, daß Ulpian nobilis (n), ja wohl gar nobilissimus (o) genennt werde. Wie hätte man auch wohl den guten Doctoren einen Zweifel zumuthen sollen, daß sie so gut von Adel wären, wie Vater Ulpian? Freylich hätte sie ein andrer mit eben dem Syllogism zu Seriniorum ma‐ gistros gemacht, denn auch Ulpian war Kaiser Adrians Scriniorum magister. Allein wer von uns würde auch so schließen wollen, wenn es um unsre Vorrechte gelten sollte? Eben die glänzenden Titel fanden sie bey einer ganzen Reihe römischer Rechts‡ gelehrten: Nur zu deutlich sagten die Gesetze, daß

(n) L. 2. §. ult. L. 4. f. D. de excusat. tutor.

(o) L. 4. §. 1. f. Cod. de postulat.

der Rechtsgelehrte und Ritter (p) sich mit eben
demselben Gegenstande beschäftige (q); nun sagte
die Logik: „talia sunt subjecta, qualia prædicata
„demonstrant (r)." Was war deutlicher darge-
than, als der Adel der Doctoren? Ich unterhalte
meine Leser mit keiner Hypothese, wenn ich den
Ursprung der Meynung von dem Adel der Doctoren in diese schöne Raisonnements setze. Lehrte
doch der berühmte Bartolus, jeder Doctor werde
nach zehnjährigen Vorlesungen, wie die Glosse
sagt, ipso facto ein Ritter (s), und nach zwanzig
Jahren ein Graf (t). Wer das Ansehen der Glosse
kennt, wird es sich bald erklären, wie ein ganzes
Heer von Schriftstellern, begeistert von diesem Ora-
kelspruche zur Versechtung solcher Vorzüge sogleich
zu Gebote stand, und wie der gelehrte und unge-
lehrte Theil des Publicums diesen Machtspruch
für baare Wahrheit annehmen konnte. Die Doctoren, unterstützt von dem Ansehen der Glosse und
gesichert für jedem Vorwurf von der herrschenden

(p) So übersetzte man miles im römischen Verstande.

(q) L. 14. C. de offic. diu. jud.

(r) Nolden de nobilit. p. 88.

(s) Bartolus ad L. 1. Cod. de profess. & med.

(t) Ebend. ad L. 12. C. de dignitatibus.

E

Meynung, trugen kein Bedenken, sich selbst Ritter zu nennen und zu schreiben (u). Wem ist unbekannt, daß noch Kaspar Schlick mit diesem Titel in seinen Unterschriften erscheint, ohne daß sich Jemand hieran hätte ärgern sollen (w)? Ja: Was doch eine einmal festgesetzte Meynung sogleich auf Sprache wirkt! — Die Wörter *equites legum & armorum*, *chevaliers des loix*, und *chevaliers des armes*, kriegerische, oder streitliche Ritterschaft, und Ritterschaft des Rechten (x) wurden nicht allein überall, wo es nur Academien und Doctoren gab, gäng und gebe, sondern man paßte auch die Schulnamen der Baccalaureen dem Ritterstande, und umgewandt Ritterbenennungen den academischen Würden an (y).

(u) J. J. 1323 war zu Meſſana ein gewiſſer Orlandes de Graffio, der ſich J. V. profeſſorem & militem ſchrieb. In dem Chronikon Peter IV. Königs von Arragonien wird L. III. c. 12. von einem gewiſſen Miſſer Rodrigo Dietz geſprochen, que era dottor & cavaller.
Man ſehe Viguleius Hundius Auszug hiſtoriſcher Obſervationen zum Bayriſchen Stammbuch P. II. p. 427. u. f. unter dem Worte Ritter, und Georgii Henrici Ayreri opuſculorum novorum Sylloge nova. Gottingæ 1752. p. 123 f.

(w) Struben Nebenſtunden Th. V. S. 139,

(x) Die teutſche Gloſſe zum erſten Buch des Sachſenſpiegels. Art. III. n. 5.

(y) Ayrer l. c. S. 124.

Die Würde eines *batchelor* ist die erste und Grund=
würde aller ritterlichen Ehre in England, und ein
Doctor der Rechte heißt *Sergeant at law* (z). Wer
wird sich bey dieser Lage der Sachen noch wundern
über die geschwinde und willkommne Erscheinung der
Doctoren in den Capiteln hoher Erz= und Domstifter?

Hiezu kam noch, daß die Begriffe von Adel
und Unadel höchst schwankend und unsicher waren:
Wer sich über die Begriffe und Rechte desselben
belehren wollte, suchte sich nicht in der Geschichte
und Observanz, sondern in seinen fremden Gesetz=
büchern Befriedigung, oder machte sich selbst nach
seinen subjectiven Verhältnissen willkührliche Be=
griffe. Da mußte man freylich Resultate finden,
welche die schon herrschende Meynung von dem Adel
der Doctoren noch mehr begünstigten.

Man sah, daß in dem römischen Staate bey
all der Begünstigung des Kriegsstandes dennoch
der Soldat in Hinsicht der bürgerlichen Ehre kein
Uebergewicht erhielt, sondern der Diener des Staats
in seiner Toga die nämlichen Ansprüche auf bür=
gerliche Hochachtung machen konnte, wie der Mann,
der den rühmlichen Entschluß faßte, für's Vater=

(z) Chambers Cyclopædia voce Knigth and batchelor
und voce Sergeant.

land zu sterben. Insonderheit konnte man die Lob=
sprüche nicht ohne Vergnügen lesen, welche Justi=
nian den Rechtsgelehrten machte, daß sie vertrauend
auf ihre ruhmvolle Beredsamkeit der schwankenden
Hoffnung aufhälfen, und den Bürger des Staats
so gut vertheidigten, wie der bewaffnete Krieger (aa).
In eines Jeden Seele gewann bey diesem Compli=
mente die Selbstliebe neue Kraft; und jeder dachte
sich bey Durchlesung dieser von dem Gesetze selbst
geheiligten Schmeicheley, Justinian habe ihn
auch gemeynt. Man las die Satyren über die fu=
mosas imagines, und freute sich über die Ueber=
einstimmung des Dichters mit den Gesinnungen,
welche Jeder, der den Bartolus studiert hatte,
über den damaligen Adel haben mochte: Der Lehrer
der Rechte unterhielt seine aus den verschiedensten
Provinzen versammelte Zuhörer mit stoischen Be=
griffen, und führte seinen Beweis mit einem unge=
heuren Aufwande von Gelehrsamkeit, welche er aus
Gesetzstellen, Glossen und römischen Philosophen
entlehnte (bb). Die Schüler beteten mit Ehrfurcht

(aa) L. 14. C. de advocat. diverf. jud. „Militant namque
„caufarum patroni, qui gloriofæ vocis confifi munimine
„laborantem spem, vitam & posteros defendunt.“

(bb) S. B. Cicero de off. L. I. C. 22. §. 4. Seneca in
epist. ad Lucil. 31. 44.

dem großen Lehrer nach, und zurückgekehrt in ihr
Vaterland klärten sie ihre staunenden Landesleute mit
Beyfalle über nie gehörte Dinge, auf. Der Geistliche
las seine Bibel, und siehe: da fand er mit dürren Worten die schönen Lehren bestättiget! Schlug man gar
die Werke der Kirchenväter auf; o da fand man
zu seinen Grundsätzen die schönsten Commentare,
und sah sich am Ende im Besitze von Wahrheiten
von mathematischer Evidenz. So vereinigte sich
alles über die Existenz und die Vortrefflichkeit eines
Seelenadels, bey dem freylich nichts zu erinnern
gewesen wäre, wenn man ihm nicht eben die Vorzüge hätte einräumen wollen, welche der Staat
nur für den Geburtsadel bestimmt hat. Die Ueberle-
genheit an Kenntnissen gab der angenommenen Idee
von dem Adel der Doctoren noch mehr Festigkeit.
Der Adel bis hieher nur gewöhnt, die vorkommenden Streitigkeiten zu schlichten, staunte die bisher
unerhörte Gelehrsamkeit der Doctoren an, und sah
sich unversehends zu einer Nulle in den Tribunalen
herabgewürdiget: Vom Kaiser herab bis zu dem
geringsten Fürsten und Stande hatte jeder an seinem
Hofe einen Doctor, der sein Rath und Liebling
war (cc). So wie also die Doctoren im Gerichte

(cc) Struben Nebenst. l. c. S. 140.

und bey Hofe mitten unter den Verſammlungen der
Ritter glänzten, ſo vergaß man des natürlichen
Unterſchieds zwiſchen Doctorat und Ritterſchaft, und
ließ geſchehen, daß jenem ebendieſelben Vorrechte,
wie dieſer eingeräumt wurden. So konnte der in
einen Edelmann umgeſchaffene Doctor, ohne ritter:
liche Abkunft mit leichter Mühe Siß und Stimme
in den Capiteln hoher Erz = und Domſtifter erlan=
gen. Ohne dieſe von ſo vielen Gründen unter:
ſtützte Täuſchung würde vielleicht der Unadel von
den Capiteln auf immer ausgeſchloſſen geweſen ſeyn!
Freylich ſuchte der Pabſt den Grundſatz geltend zu
machen: vor Gott ſey kein Unterſchied der Perſo:
nen, und die Würde des Gottgeweyhten hänge
nicht von ſeiner Geburt und ſeinen Ahnen, ſondern
von ſeiner Tugend ab (dd). Allein was richtete
die Beredſamkeit Gregor IX. aus (ee), oder
was Nicolaus IV. mit dem über das Capitel
zu Trier ausgeſprochenen Bannfluche? Wenn

(dd) Non genus, ſed virtus nobilitat & facit dignum Deo
miniſtrum.

C. Vlt. X. de præb.

Nos, qui præſumus, non locorum generis dignitate,
ſed morum nobilitate innoteſcere debemus.

Canon. Hor qui, Diſt. 40.

(ee) C. 37. X. de præb. V. Thomaffinus P. II. L. I.
V. & n. eccl. diſcip. Cap. 104. p. 310.

weder Erzbischof Boemund, noch der gefürchtete
und geschätzte Pabst nicht einmal dem kaiserlichen
Leibarzt und dem Trierischen Official, gewiß wich=
tigen und angesehenen Männern, zu einer Hochadeli=
chen Präbende verhelfen konnten (ff); was hätte
man sich von diesen noch so schön vorgetragenen
und noch so hartnäckig vertheidigten Grundsätzen
versprechen sollen? (Kap. II.) Aber die Meynung
von dem Adel der Doctoren täuschte den ritterbür=
tigen Domherrn eben so, wie das übrige Publi=
kum. Adel war, wie noch heut zu Tage bey den
Meisten, ein Begriff, welcher dunkel in der Seele
lag: genug, wenn die allgemeine Volksstimme
Jemanden den Adel beylegte; ob er seinen Grund
in der Geburt hatte, oder anderswo, darum
bekümmerten sich die wenigsten. Wenn also gleich
Observanz oder ausdrückliche Statuten den Unadel
von den Präbenden ausschlossen, so konnte man den=
noch kein Bedenken tregen, die Doctoren in die
Capitel aufzunehmen, denn sie waren einmal adelich;
und dies war genug.

Jedes Capitel, das bisher entweder durch bloße
Observanz, oder durch noch nicht bestätigte Statuten

(ff) Browerus Annales Trevir. LXVI. p. 171. J. J.
Moser Staatsrecht des Churfürstenthums Trier.
S. 211.

ben Unadel aus seinem Mittel verdrängt hatte, machte
nun entweder Statute, oder ließ sich dieselbe vom
römischen Pabste bestättigen. Diese Bestättigung
erlangten sie um so eher, da sie selten der Doctoren
der Rechte, der Theologie, und was freylich man=
chen befremden könnte, der sogenannten Meister in
der Arzneykunst (magistrorum medicinæ) ver=
gaßen (gg). Die Capitel glaubten hiedurch ihrer
Constitution von dem ausschließlichen Rechte des
Adels nicht das mindeste zu vergeben, und der rö=
mische Pabst bestättigte gerne die Statute, in wel=
chen man seiner Lieblingsidee, welche er bisher
mit aller Macht nicht durchzusetzen im Stande war,
beyzutretten schien. Die römischen Bestättigungs=
bullen wurden von Pabste zu Pabste ausgefertiget,
und die teutschen Stifter, stolz auf so mächtige Stützen,
glaubten sich für ewige Zeiten sicher in dem Besitze
eines Rechtes, das sie im Grunde nicht hatten. Es
erhellt dies bis zur Evidenz, wenn man die dem
Pabste vorgelegten Statute liest, und die Bestät=
tigungsbriefe mit denselben vergleichet. Die meisten
Statute waren vor der Entstehung des Docterats
in Teutschland gemacht; die Gründe also, wes=

(gg) Von Meisen, Merseburg und Naumburg beweist es
eine Urkunde von 1476 in Cramer. Tract. de Nobilit.
append. Num. XV.

wegen die Capitel dem Adel allein ein Recht auf
die Präbenden ertheilten, paßten allein auf den
Geburtsadel. Itzt war man so wenig über den Adel
der Doctoren zweifelhaft, daß man die nämlichen
Gründe in den Statuten anführte, und dennoch
aus denselben die Schlußfolge auf die ausschließliche
Annahme der Adel- oder Ritterbürtigen von beyden
Aeltern und der Doctoren zog. Die Sicherstel-
lung der Kirchengüter, welche man am besten durch
den Kunstgriff zu bewerkstelligen glaubte, wenn man
das Interesse des Adels und der Capitel miteinan-
der vereinigte, war ehedem einer der vorzüglichsten
Gründe, welchen wenigstens die Capitel öffentlich
angaben — ein Grund, welchem selbst ein
Bonifaz VIII. seinen heiligen Beyfall nicht ver-
sagen konnte. Und eben diesen Grund schrieb man
nur aus den alten Urkunden ab, und gebrauchte
ihn auch für die Aufnahme der Doctoren. — In
andern Stiftern, wo man sich vielleicht etwas klüger
mochte gedünkt haben, schien man doch eingesehen
zu haben, daß, wenn man bey diesem Grundsatze
allein würde stehen bleiben, offenbar mehr in der
Schlußfolge läge, als in den Prämissen enthalten
wäre. Mancher schlaue und hochgelehrte Herr
Doctor, welcher in einer langen Reihe von nach-
folgenden academischen Rittern vielleicht eben soviel

Stolz und Wohlgefallen suchte, als der hochedle
Herr oder Ritter, mochte wohl die schwache Seite
dieses Grundes gefühlt haben. Was war ihm aber
bey seiner Gelehrsamkeit leichter, als einen andern
Grund zu substituiren?

Die römische Miliz in der Toga und Saga
gab sogleich einen Eintheilungsgrund für teutsche
Ritterschaft her, und die fast durchgehends herr=
schende Gleichheit für beyde Arten von Miliz, wenn
es auf Rechte und Privilegien ankam, machte den
Schluß sehr natürlich: Also sind auch beyde Arten
der teutschen Ritterschaft in Hinsicht ihrer Rechte
ganz gleich. So wie man also die Herren und
Ritter in die Capitel aufnahm, um die Güter und
Rechte der Kirche gegen die gewaltthätigen Eingriffe
Andrer zu sichern, so sind die hochgelehrten Docto=
res und Magistri eben so nothwendige Personen
in den Stiftern, um dieselben gegen die geistischen
Waffen und Angriffe in Sicherheit zu setzen. Auf
solche Weise erhielt das Raisonnement mehr Festig=
keit, und machte die Schlußfolge für die Doctores,
nach den damaligen Begriffen, unumstößlich.

Was aber die Behauptung, daß die Doctoren
unter der Firma des Adels in die Capitel kamen,
noch zuverläßiger macht, ist folgendes: Schon etwas
später, nämlich zu Ausgange des funfzehnten Jahr=

hunderts machen, oder erneuern die Domherrn zu
Minden ein Statut, daß die mit einer größern
Prábende versehenen und emancipirten Domherren
von dem Aeltesten abwärts bis zu den Jüngsten zwar
die erledigten Prábenden zu vergeben befugt, jedoch
nur immer einen solchen zu ernennen verbunden
seyn sollten, der von ehrlicher Geburt und von bey=
den Aeltern aus hochedlem, oder ritterlichem Geblüte
entsprossen wäre. In diesen Formalien legten die
Domherrn zu Minden ihr Statut dem damaligen
Pabste Gregor zur Bestättigung vor. Der Pabst
fand kein Bedenken, das Statut zu bestättigen,
und setzte fest, daß ins künftige keiner mehr zu einer
Prábende gelangen sollte, der nicht Magister der
Theologie, oder der Arzneykunst, oder Doctor
der Rechte, oder von edlem oder ritterlichen Ge=
schlechte entsprossen wäre (hh). Dieses seltsame
Benehmen des Pabstes, seine Bereitwilligkeit das
Statut zu bestättigen, in welchem von den Doctoren
keine Meldung geschieht, und dennoch die nachher
ohne Erweiterung oder Veränderung des Statutes
erfolgte Zusammenstellung der Doctoren und des
Adels wirft selbst auf die ältern Zeiten ein aufklä=
rendes Licht zurücke; — Wenn selbst der Pabst, dem

(hh) Würdtwein subsidia diplomat. T. X. p. 278.

doch nichts geläufiger zu seyn pflegte, als Caſſation, und Annullirung der Statute, welche ſeinem Sinne nicht gemäs waren, ohne irgend hievon eine Miene zu machen, in der Beſtättigung eines Statutes, das vom bloßen Adel redet, das Doctorat und den Adel in eine Categorie ſtellt; ſo mußte nothwendig in dieſer Zeit die Meynung von dem Adel der Doctoren noch gäng und gebe geweſen ſeyn. Wenn man aber im funfzehnten Jahrhunderte, wo ſich bereits ſchon einige wichtige Vorurtheile gegen die Doctoren her= vorgethan hatten, um deßwillen denſelben ein Recht auf Präbenden der Domſtifter einräumte, weil man ſie unter dem Namen Adel mitverſtand: ſo läßt ſich begreifen, daß man in früheren Zeiten das Recht der Doctoren aus der nämlichen Quelle herleitete.

So feyerlich unterdeſſen die Statute über das ausſchließliche Recht des Adels und der Doctoren von den Päbſten beſtättiget waren, ſo fiel es dennoch manchem Pabſte ein, gegen ſeine feyerlichſten Zu= ſicherungen den Capiteln Leute aufzudringen, welche weder den Adel, noch eine academiſche Würde zum Behufe ihrer Anſprüche aufzeigen konnten. Hie= gegen führten denn die Capitel laute Klagen. Aus dieſen Klagen und Widerſprüchen ergiebt ſich wieder ein neuer Beweis, daß ſich das Doctorat allein unter dem Namen des Adels in den Capiteln erhielt.

Nicht gegen die Doctoren waren die Klagen und
Widersprüche gerichtet, sondern gegen den Unadel
im Gegensatze des Adels und des Doctorats. Nur
dieses wollte man aus den Capiteln entfernt wissen.
Hiemit waren auch wohl manchmal die Päbste und
Kaiser, besonders in neueren Zeiten, einig. Man
hatte bereits zu Cölln durch Einziehung zweyer Präbenden, welche für die Kellermeister, ohne daß sie
dasür einigen Dienst verrichteten, bestimmt waren,
und durch neue Stistung mehrere Priesterprabenden
im Capitel errichtet; und dieselben in Doctoren der
Rechte und der Gottesgelehrtheit um deßwillen vergeben, daß man tüchtige Geschäftsmänner erhalte,
und den damals einreissenden Ketzereyen eben so viel
Ansehn, als Gelehrsamkeit entgegensetzen könne (ii).
Allein, wie die Sache immer gegangen seyn mag!
Friedrich III. fand für nöthig, sich bey Sixt IV.
darüber zu beklagen, daß die Priesterprabenden an
unedle, und schlechte Leute vergeben würden, und
Sixt IV. wurde bewogen, zu verordnen, daß die
Priesterprabenden nicht mehr, wie es heißt, an
ignobiles, plebejos, humilesque personas, sondern
an Doctoren und Licentiaten vergeben würden (kk).

(ii) Würdtwein nov. subs. dipl. T. III. p. 95.

(kk) Cramer l. c. app. num. XIV. Aegidius Gele-
nius de admiranda sacra & civil. ecclesiæ magnitudine

Hier ist doch wohl offenbar, daß das Doctorat dem
Unadel entgegengesetzt, und daher mit dem Begriffe
desselben der Begriff von Adel verbunden werde.
Diese Meynung war so allgemein herrschend geworden, daß selbst teuere Schriftsteller des funfzehnten
und sechzehnten Jahrhunderts die Existenz der Doctoren in den Capiteln ohne Bedenken aus dem Ihnen
beygelegten Adel erklären. Der scharfsinnige Fre-
herus verwundert sich zwar über das Sonderbare
der Glosse ad ! 5. D. pro Socio, in welchem die
Doctoren, wie ich schon oben bemerkte, zu Baronen
und zuletzt gar zu Grafen gemacht werden; indessen
setzt er hinzu: „ideoque in quibusdam cathedra-
„libus ecclesiis æquo jure admittuntur nobiles,
„& doctores (ll).“ Die Domherren und Doctoren
brachte man immer unter eine Categorie, wenn man
die verschiedenen Stuffen von Adel claßificiren wollte.
„Nach unsrer heutigen Regierungsform,“ sagt
Doctor Michael Praun, „könnte man etwa die
„adeliche Heerschilde nach folgender Gestalt einthei-
„len. Der Kaiser und König trägt den ersten, die
„Pfaffenfürsten den andern, die Leyenfürsten den

L. III. Synt. I. §. 2. Materialien zur Statistik. Stück III.
S. 204. Würdtwein l. c. T. III. p. 385 seq.
(ll) In notis ad Ar. p. 195.

„dritten, die Prälaten, so ganze Herrschaften, doch
„kein Fürstenthum besitzen, den vierten, die Grafen
„und Freyherrn den fünften, die Canonici und
„*Doctores* den sechsten, der Layenadel den sieben=
„den (mm)," woraus, wie mich dünkt, gefolgert
werden kann, daß man das Doctorat nicht nur zu
dem Adel gerechnet, sondern auch dasselbe in den
Stiftern als Adel angesehen habe.

Allein nicht nur Schriftsteller älterer und neuerer
Zeiten bestättigen diese Meynung, sondern sie scheint
auch selbst von unserer Gesetzgebung angenommen
worden zu seyn. Zu Ende des funfzehnten Jahr=
hunderts wurde bekanntlich das Cammergericht
errichtet. In welchem Ansehn damals die Doctores
standen, ergiebt sich aus der Erzählung von Jo=
hannes Roh=bach: „am dritten November
„1495," sagt dieser Schriftsteller, „bestieg der edle
„Herr Graf von Zoller den Hof, und wies den
„Doctoren zur Rechten, den Herren und Rittern
„aber zur Linken den Platz an (nn)." In der
C. G. O. von 1500 Tit. von dem Beysitzersold,
und dem Reichsabschiede von 1507 §. 15. haben die

─────────────

(mm) Th. III. des adelichen Europa K. 11. §. 464 S. 375.

(nn) Senckenberg diff. de hift. & jurisdictione aug. camer.
   judicii p. 8.

redlichen, verständigen und gelehrten Doctoren, oder
Licentiaten der Rechte wiederum die Ehre, zuerst
von den Gesetzgebern genennt zu werden. Diese
Ehre wiederfuhr den Doctoren nicht etwa aus einem
Zufalle oder weil es die Concipienten dieser Verord=
nungen für gut hielten, die Doctores zuerst zu setzen.
Es war vielmehr dieselbe so innig mit dem ganzen
Geiste der Gesetzgebung verwebt, daß sie selbst damit
einen gewissen Vorzug verband, wer Doctores, oder
wer Beysitzer aus dem Ritterstande zu präsentiren
habe. So hatten die drey ersten Kreise Doctorrn,
die drey letzten aber Ritter zu präsentiren; die Prä=
sentati des Kaisers als Kaiser sollten Doctoren, die
Präsentati aber von wegen seiner Erblande aus dem
Ritterstande seyn. Eben dieser Unterschied wurde
in Rücksicht der drey ersten und der übrigen Chur=
fürsten beobachtet. Nirgendwo zeigte aber die Gesetz=
gebung Teutschlands ihre Meynung das Doctorat,
und den Adel gleich zu stellen, deutlicher, als in
den Reichskleiderordnungen. Es ist bekannt, daß
durch den R. Abschied von 1500 Tit. 22. dem Unadel
verboten wurde, Perlen oder Gold in ihren Hem=
dern und Brusttüchern zu tragen. Aber denen vom
Adel, den Rittern und Doctoren wird zwey Unzen
Silber in ihren Hauben zu tragen erlaubt. Der
Luxus steigt und die Gesetzgebung Teutschlands wird

nachgiebiger und milder. Dreyßig Jahre waren
kaum verflossen, so trägt der Adel mit Bewilligung
des Reiches „güldne Ring' und Haarhauben, auch
„Ketten, die nicht über zweyhundert Gulden werth
„sind." Nur das wollte man von der alten nun
auffer Mode gekommenen Simplicität beybehalten,
daß man sie mit Schnürchen umwand. Der Reichstag, welcher den Geschmack des Adels so gut zu
ordnen verstand, sorgte auch für die Doctoren und die
Weiber derselben, und erlaubte ihnen, Geschmuck,
Ketten und goldene Ringe zu tragen (oo). Diese
Gleichstellung erregte indessen eine Gährung unter
dem Adel. Vermuthlich konnte es die hochadeliche
Dame nicht mit gleichgültigen Augen ansehen, daß
die ehrsame Frau Doctorin in dem nämlichen Ge-
schmucke figuriren sollte, wie sie. Ein Weib, dessen
Ehrgeiz beleidiget ist, vermag alles. Wie uns die
Chronik sagt, war das Schicksal der Männer schon
damals, zu gehorchen, und siehe! da traten die armen
Männer mit einer Bittschrift gegen die Doctoren
auf, und klagten den Churfürsten ihre Noth. Allein
wenn je ein merkwürdiges Belege zu dem Ansehn,
und dem vermeynten Adel der Doctoren in der
Geschichte liegt, so ist es gewiß die Gegenschrift,

(oo) R. A. v. 1500. Tit. 15.

womit die Doctoren des Adels Klage beantworteten.
„Sie hätten nicht nöthig,“ sagen sie, „schon an und
„für sich von den römischen Kaisern mit Stand und
„Würde begabt, fremde Federn, wie der Aesopische
„Rabe, zu sammeln, oder mit den Stralen anderer
„zu glänzen. — — Sie regierten die Provinzen,
„sie seyen die Räthe, ja das Herz der Kaiser. — Wie
„sey es ihnen beygefallen, sich an den Stand der
„Ritter anzuschließen, da der ihrige schon für sich
„Ansehen genug habe, und den Adel, wenn nicht
„tiefer unter seiner Würde zurückelasse, dennoch nie
„über sich erkennen werde. — Es sey ja ein ganzes
„Heer von Doctoren nicht nur auf Academien ange-
„stellt, sondern auch bey der kaiserlichen Cammer und
„andern Gerichten; Ja selbst in den hohen Erz-
„und Domstiftern und andern ansehnlichen Kirchen
„genößen sie mit eben demselben Rechte, wie der
„Adel, die Ehre Domherren zu seyn. — — Sie
„könnten sich also nicht genug über die Unverschämt-
„heit des Adels verwundern, der so weise und erfahrne
„Fürsten mit derley lächerlichen und auszischenswür-
„digen Betrügereyen habe hintergehen wollen (pp).“
Diese Fehde hatte unterdessen keine andere Wirkung,

(p) Itt nis de honoribus s. gradibus academicis
p. 451 — 458.

als daß sie der Nachwelt die damals herrschenden Gesinnungen des Adels und der Doctoren schilderte:
denn die Fürsten fanden nicht für gut, die Polizey-
ordnung zu ändern (qq).

So erhielt sich die Meynung von dem Adel der
Doctoren bis in die späteste Zeiten. Ich könnte
meine Leser noch mit einer Menge Belegen, selbst
aus dem sechzehnten, siebenzehnten und achtzehnten
Jahrhunderte unterhalten. Denn freylich war der
Wahn, vom Adel zu seyn, für einen großen Theil
der Doctoren zu schön, und schmeichelte zu sehr ihrer
Eigenliebe, als daß sie ihn nicht mit all' ihrer
Gelehrsamkeit zu unterstützen gesucht hätten. Weiter
unten werde ich noch einige Proben vorlegen, wenn
ich die letzten Zuckungen schildern werde, welche
man bey dem sterbenden Ansehn des Doctorats
bemerkt hat.

Hier erlaube man mir noch einige Betrachtun-
gen über die Revolution, welche durch das Doctorat
in den Capiteln bewirkt worden ist, anzustellen.
Wenn ich behauptete, daß das Doctorat unter der
Masque des Adels sich in den Capiteln festgesetzt
habe, so bin ich weit entfernt zu glauben, daß es
um deßwillen demselben von jeher an einem recht-

(qq) Klockius tract. de contribut. cap. 151 p. 353 seq.

mäßigen Titel auf die Präbenden hoher Erz = und Domstifter gefehlt habe. Der vermeynte Adel der Doctoren bahnte denselben nur den Weg zu den Stiftern, und räumte nur die Hindernisse, welche ihnen die herrschende Meynung, daß jeder Domherr vom Adel seyn müsse, hätte machen können, hinweg. Uebrigens halte ich ihre Eristenz in den Stiftern für eben so gesetzmäßig, als die Eristenz des Adels. Wenn der Doctor oder Licentiat das Glück hatte, von dem Pabste, dem Bischoffe, dem Capitel, oder irgend einem einzelnen Domherrn mit einer Prä= bende versehen zu werden, so hatte er nicht nöthig, sich zum Beweise seiner Fähigkeit, ein Domherr zu werden, auf seinen Adel, sondern einzig und allein auf die bestehenden Statute zu berufen. In den meisten Stiftern Teutschlands hatten die Doctoren Statute zu ihrem Vortheile bewirkt. Wenn man den Capiteln das Recht nicht absprechen kann, durch collegialische Einwilligung sich über Dinge zu verei= nigen, welche das Innere der Capitel angehen, so konnten sie sich auch verbinden, einen gesetzmäßig zum Domherrn genannten Doctor und Magister aufzunehmen. Zuerst ward in den meisten Stif= tern, wie ich (Kap. II.) gezeigt habe, der in den Stiftungsurkunden unbestimmt gelassene Punct von den Eigenschaften der aufzunehmenden Domherrn

vermöge des den Capiteln zukommenden Bestim-
mungsrechts zum ausschließlichen Vortheile des
Adels entschieden, und gegen alle Widersprüche in
manchen Fällen durchgesetzt. Eben dasselbe Collegium, das schon einmal das Bestimmungsrecht
ausgeübt hatte, konnte ändern, umschaffen, aufheben, und folglich auch sein Statut zum Vortheile
des Doctorats erweitern. Es geschah; und nenne
man es Behutsamkeit oder Ehrfurcht für den päbstlichen Stuhl, man ließ sich die gemachten Statute
von Rom aus bestättigen. Hatte also ein Doctor
oder Magister zu Passau, zu Speyer, zu Eichstätt,
Costanz, Chur, Augsburg, Regensburg, Freysingen u. s. f. oder in den Ober- und Niedersächsischen
Stiftern eine Pfründe erhalten, so konnte er der
Aufnahme wegen um so gewisser seyn, je mehr ihn
die Statute dieser Stifter selbst zu solchen Ansprü-
chen berechtigten. Denkt man übrigens über den
Nutzen nach, welcher der ganzen Kirche sowohl, als
einzelnen Stiftern durch diese Revolution erwachsen
ist, so kann man freylich nicht läugnen, daß mancher wackre Bischof, Probst oder Dechant aus den
Doctoren gewählt worden sey. Der Erzbischof Peter
der Aichspalter zu Mainz, und Norbert von
Magdeburg, Johann Vilesius von Salzburg,
und Balthasar Mercklin von Hildesheim,

waren in der That große und unsterbliche Männer,
der einzelnen Pröbste und Dechanten nicht zu gedenken. Allein man würde dennoch ungerecht seyn,
wenn man behaupten wollte, daß die Doctoren
allein eine ansehnliche Rolle als Kirchenprälaten
gespielt hätten. So gewiß das Resultat eines zu zie-
henden Calculs zum Vortheile des Adels ausschla-
gen würde, da offenbar die Anzahl berühmter und
verdienstvoller Bischöffe aus dem Adel größer war,
als die Anzahl großer Bischöffe aus dem Unadel;
so gerne bescheide ich mich, daß man nicht Summe
gegen Summe setzen dürfe, um ein richtiges Verhältniß zur Schätzung der Verdienste des Adels
und Unadels zu Stande zu bringen: denn freylich
muß man immer die fast durchgehends unverhält-
nißmäßige kleine Anzahl der Doctoren in den Capiteln mit in Anschlag bringen. Allein wenn uns die
Geschichte zeigt, daß auch zu einer Zeit, wo das
Doctorat die schönste Periode seines Ruhmes erlebt
hatte, dennoch aus dem Adel große und ruhmvolle
Prälaten hervorgiengen, welche, ob sie gleich
G r a t i a n s Distinctionen und G r e g o r s Decretalen nicht so genau im Kopfe hatten, oder die
Kunst nicht verstanden, durch den Zauber der Dia-
lektik den schlichten Menschenverstand irre zu führen,
sich dennoch durch ächte Regententugenden sowohl,

als wahre bischöfliche Würde nicht minder auszeich:
neten: so glaube ich, ist das Vorurtheil widerlegt,
als hätte das Doctorat in den Erz= und Hochstiftern
soviel zum Glanze der Kirche, und zum Wohlstand
der Staaten beygetragen, als der Adel nie gethan
hätte.

Zweytes Kapitel.

Das Doctorat verliert sein Ansehen und seine Rechte in den meisten Stiftern.

Die Szene veränderte sich allmählig. So zu:
sammenhängend das Lehrgebäude war, auf
welches das Doctorat seine Vorzüge gründete, so
scheint es dennoch nicht in allen Stiftern Eingang
gefunden zu haben. Es gab auch hier, wie in so
vielen Systemen aus den mittleren Zeiten, Anoma:
lien. Es war das Jahr 1326 — da empfahlen
die Domherrn zu Maynz ihrem Dechant und zweyen
Andern aus ihren Brüdern die Aufsicht über ihre
Statute, daß sich ja Niemand in ihr Mittel ein:
schleichen möchte, der nicht von beyden Aeltern
ritterlicher Herkunft wäre, wie dies, so sagen die
Herren, weitläufiger in ihren Statuten enthalten
wäre (a). Diese Verordnung begünstigte den Adel

(a) Gudenus codex diplomat. T. I. p. 605. 606.

allein. Keine Aufhebung oder Erweiterung der=
selben zum Vortheile des Doctorats erfolgte jemals,
so rasch der Reformationsgang in andern Stiftern
war. Aber wie? Maynz, das Peter den Aich=
spalter auf den erzbischöflichen Stuhl und den
Mayländer Johann Jacob Sclafenatus zur
Würde eines Domprobsten erhob, sollte dem Unadel
den Zutritt in das Capitel verweigert haben? Das
sagte ich nie: Selbst die Domherren zu Maynz
geben in einer Urkunde vom Jahre 1500 den rich=
tigsten Aufschluß (b). Nachdem sie sich auf ihr
uraltes Statut, das theils von dem römischen
Stuhle, theils von den Erzbischöffen bestättiget
worden wäre, berufen hatten, klagen sie über die
Verletzung desselben zum Vortheile des Doctorats,
„da doch,“ setzen sie hinzu, „vormals nie, oder doch
„selten demselben derogirt worden wäre.“ Also
derogirt wurde doch dem Statute zuweilen? Wohl:
das läugnete ich nie, und wie könnte ich dies? Aber
meine Behauptung, daß das Maynzische Statut
zum Vortheile des Doctorats nie aufgehoben, oder
erweitert wurde, ist um deßwillen nicht umgestoßen.
Sey es, daß ein Mann, der, wenn gleich von
niedrigen Aeltern gebürtig, dennoch durch seine

(b) Würdtwein subsid. diplom. T. IV. p. 168 seq.

Geſchäftsklugheit, durch ſeine feine Sitten, durch
ſeine Beredſamkeit ſich zum Lieblinge des Pabſtes
erſchwang, und, nachdem er Biſchof zu Parma
geworden war, ſelbſt der Cardinalswürde fähig
erachtet wurde, Domprobſt zu Maynz geweſen (c),
oder daß der Erretter des Pabſts, der Arzt Aich-
ſpalter Erzbiſchof geworden ſey! Ich räume es ein,
daß noch Mehrere aus dem Unadel Präbenden zu
Maynz beſaßen. Aber wozu ſoll dies alles nützen,
als etwa eine Ausnahme, welche man von dem
Statute machte, zu erweiſen? Man pflegte ſelten
eine Ausnahme zu machen; — Aber man machte
ſie dennoch; Sie ſchadete aber dem Statute ſo
wenig, als irgend eine andre Ausnahme der Regel.

Dieſe Geſchichte der Maynziſchen Statute ſcheint
die Geſchichte mehrerer Stifter zu ſeyn. Wenigſtens
iſt es gewiß, daß zu Anfang des funfzehnten Jahrhunderts viele Stifter bereits keine Statute mehr
zum Vortheile des Doctorats gehabt haben. Allein,
wo ſie noch nicht waren, da ſollten ſie erſt gemacht,
wo ſie durch neuere aufgehoben wurden, da ſollten
ſie wieder hergeſtellt werden. Nirgendwo ſollte eine
Gewohnheit, ſo alt ſie auch ſeyn möchte, nirgendwo
ſollte ein Statut, ſo feyerlich es auch vom päbſt-

(c) Joannis Rer. Mogunt. T. II. p. 388.

lichen Stuhle bestättiget wäre, zum ausschließenden Vortheile des Adels gelten. So wollten's die versammelten Väter zu Costanz (d). Die versammelten Väter zu Costanz redeten aber im Allgemeinen von Bisthümern, Kirchenwürden, Präbenden und dem Mönchthume. Und die hohen Erz- und Domcapitel Teutschlands, welche bereits in dem Besitze des Rechtes waren, allen Unadel von ihren Präbenden auszuschließen, fanden für gut zu glauben, daß durch diese allgemeine Verordnung der heiligen Synode ihre besondere Verordnungen und Gewohnheiten nicht aufgehoben worden seyen. In der That ein Glaube, welcher der Logik der hohen Erz- und Domcapitel damaliger Zeiten keine Unehre machte! Indeß die Meynung der Väter zu Costanz mochte gewesen seyn, wie sie wollte: die Stifter Teutschlands kehrten sich wenig daran. Der Kirchenrath zu Basel spannte daher schon gelindere Saiten auf (e), und die Concordaten der teutschen Nation mit Martin V. verordneten weiter nichts, als daß in allen Erz- und Domcapiteln der sechste Theil der Präbenden an die Doctoren, worunter selbst jene der Medicin begriffen waren, vergeben wur-

(d) Apud van der Hardt T. I. p. 637.
(e) Seff. V. cap, I. de reform.

den (f). Für die Statute zum ausschließenden Vortheile des Adels erhielt die Verordnung eine besondere Modification. Die ehrwürdigen Statute und Observanzen der Stifter sollten nicht mit Einem Federzuge aufgehoben werden, sondern noch ferner: hin ungekränkt bestehen. Nur sollten diejenigen Grafen, Herren und Ritter, welche zugleich eine academische Würde hätten, den übrigen Nicht: doctoren vorgezogen werden (g). In der That eine Verordnung, welche den Rechten der Stifter auf einer Seite nichts entzog, da sie auf der andern Seite allein zum Vortheile des Doctorats gemacht zu seyn schien. Konnte man aus dem Adel Doctoren haben; — je nun, so nahm man dieselbe um so lieber auf, je mehr man hiemit gegen den Unadel, der bisher ein Monopol mit dem Doctorat getrieben hatte, gewann; hatte man aber keine, so war man hinlänglich gedeckt. Wo Adel allein, und graduirter Adel wegen Mangel des letztern nicht zusammen: traf, da konnte es keine Wahl, keinen Vorzug geben.

(f) v. J. 1417.

(g) Ubi autem soli consueverunt illustres de comitum vel baronum genere vel in utroque genere militares in canonicatibus admitti; taliter graduati, qui acceptare voluerint, *si taliter nobiles* ut præmittitur, *fuerint,* in ecclesiis ceteris etiam nobilibus saltem usque ad dictum numerum præferantur.

Diese Anordnung konnte indeß dem päbſtlichen
Hof⸗ keineswegs behagen, da das Doctorat bey
weitem die Vortheile nicht erhalten hatte, welche
man ſich hätte verſprechen ſollen. Die Statute zum
ausſchließenden Rechte des Adels waren anerkannt,
und die übrigen Stifter, welche den Zutritt in die
Capitel dem Doctorat durch eigene Statute ver⸗
ſichert hatten, waren lüſtern gemacht, ihre ältern
Rechte wieder hervor zu ſuchen. Kaum waren alſo
von Abfaſſung der gedachten Concordaten fünf
Jahre verfloſſen, ſo fand derſelbe für gut, ſeine
Geſinnungen zu ändern, und folglich den ſo feyer⸗
lich eingegangenen Vertrag zu brechen. Denn
ſiehe, Er gab ſeinem Legaten, dem Cardinal Brande
den Auftrag, die Statuten und Gewohnheiten der
Erz⸗ und hohen Domcapitel zu unterſuchen, und
wenn er einige finden ſollte, welche zum ausſchließ⸗
ſenden Vortheile des Adels abgefaßt wären, die⸗
ſelben abzuwürdigen, ſie möchten auch mit einem
Eide, oder ſonſt irgend von geiſtlicher, oder welt⸗
licher Macht beſtättiget ſeyn (h). Es wollte der
Pabſt dergleichen Statute und Gewohnheiten für
nichts anders anſehn, als Mißbräuche; und Miß⸗

(h) J. P. de Ludewig Reliquiæ Manuſcript. omnis ævi
diplom. T. XI. p. 412.

bräuche abzustellen, dazu glaubte er sich von Amts-
wegen berufen. Allein so hoch gespannt diese For-
derung auch war, so konnte sie doch weder der Pabst,
noch sein Legat dergestalt durchsetzen, daß man zum
Vortheile des Doctorats die einmal hergebrachten
Statute aufhob. Alles, was der römische Hof in
dieser Rücksicht durchzusetzen im Stande war, war
weiter nichts, als daß derselbe einige Lieblinge vom
Unadel mit Präbenden zu versehen das Glück hatte.
Man sah dies von Seiten der Capitel für nichts
anders an, als für Ausnahmen, welche man aus
besonderer Hochachtung für den heiligen Stuhl zu
Rom, ohne seinen Rechten irgend etwas zu vergeben, machen zu können glaubte.

Indessen fiengen doch die Anmaßungen des
päbstlichen Hofes an, lästig zu werden, denn es
gab der Leute zuviel, welche der Pabst versorgen
wollte, und man konnte voraussehen, daß die Nach-
giebigkeit von Seiten der Capitel zuletzt die alten
Statute und Gewohnheiten, welche den Adel allein
begünstigten, zu einem bloßen Stücke des Alterthums machen würde. Hiezu kam, daß, wenn
man auch diese päbstlichen Creaturen nicht in das
Capitel aufnehmen, und ihnen Statute und Observanz entgegensetzen wollte, der Adel diesen habsüch-
tigen Leuten, um nur in keine Processe verwickelt zu

werden, die Präbenden abkaufen, oder sich zu einer
jährlichen Abgabe verstehen mußte. Schon auf dem
Reichstage zu Coblenz vom Jahre 1479 führte man
also laute Klagen, daß der päbstliche Hof mit Hintansetzung der Statute und Gewohnheiten nicht nur
Leute vom Unadel, sondern selbst uneheliche Kinder
mit Präbenden versehe (i). Die Klagen wurden
immer stärker und anhaltender, und auf dem Reichstage zu Nürnberg vom Jahre 1522 schilderte man
mit eben so männlicher als treffender Beredsamkeit
diesen päbstlichen Unfug. Ungelehrten Hofschranzen
aus dem Unadel, sagte man, werde der Zutritt
in die Capitel eröffnet, und dem teutschen Adel die
ihm allein zustehenden Pfründen unrechtmäßiger
Weise entzogen. Ja man sehe dieselbe wie Leibren-
ten, oder wie eine Waare an, welche man gegen
ein ansehnliches Kaufgeld veräußern könnte (k).
Dies Betragen von Seiten derjenigen Capitel, welche
ihre alten Statute unverändert erhalten hatten, entzog also dem Pabste das Vergnügen, sich gegen die
Capitel mit einem unwidersprochenen Besitze zu
brüsten: denn eines Theils sprach man von den
einzelnen gegenseitigen Fällen, nur wie von Aus-

(i) Leibniz. Part. I. Cod. Jur. Gent. diplom. p. 439.

(k) Schilter Lib. VII. de libertate ecclef. Germ. p. 414.

nahmen, andern Theils aber führte man zuletzt auch
gegen die Vervielfältigung derselben seine Klagen.

Unterdessen aber, da man sich in einigen Capiteln muthig gegen das Eindringen des Unadels
setzte, da man ihre zum ausschließenden Vortheile
des Adels gemachten Statute gewissermassen öffentlich anerkannte, und es wagte, gegen die Ver-
letzungen derselben laute Klagen zu führen, schien
das Doctorat in andern Capiteln durch die zu seinem
Vortheile bestehenden Statute hinlänglich gedeckt.
Allein auch in den meisten derselben reifte eine Revolution gegen das Doctorat. Der Adel, unter
dessen Schilde ehemals die Doctoren und Magistri
so willkommen in den Capiteln waren, fieng an ver-
dächtig zu werden. Man vergaß allmählig die stoischen Begriffe vom Adel, und pflegte sich bey dem
Begriffe desselben einige Ahnen zu denken. Der
Doctor mochte nun zwar sehr gelehrt seyn, aber
er hatte keine Ahnen, folglich trug man schon
Bedenken, ihn dem Adel beyzuzählen. Ehemals
war es genug, von ritterlicher Abkunft zu seyn;
Hiebey verstand sich aber von selbst, daß gegen diese
Abkunft sowohl von väterlicher, als mütterlicher
Seite keine Einwendung gemacht werden durfte, denn
Ungleichheit der Ehen war von jeher den Teutschen
ein Greuel. Aber diesen Vorzug, von Vater und

Mutter aus edel, oder ritterbürtig zu seyn, mochte
leicht die seltene und ungeheure Gelehrsamkeit,
welche man den Doctoren zutraute, aufwiegen.
Hiezu kam, daß es noch nicht Sitte war, eine
ordentliche Ahnenprobe zu führen; wenn man gleich
ausdrücklich in einigen Capiteln sich die ritterliche
Herkunft von väter= und mütterlicher Seite aus=
bedungen hatte. In andern Stiftern machte man
nur gerade zu des Adel= oder Ritterstandes Erwäh=
nung. Nun ist es aber aus der Geschichte des
Ritterwesens bekannt, daß sich ein freygebohrner
Teutsche durch kriegerische Verdienste bis zum Range
eines Ritters schwingen konnte. Die Verdienste
im Kriege aber, und jene, welche man sich durch
Gelehrsamkeit erwarb, pflegte man so ziemlich nach
einerley Maaßstabe zu beurtheilen, zumahl, da
diese Gleichstellung durch Einführung des römischen
Rechts, und die Erklärungen der Rechtsausleger so
sehr begünstiget wurde. (II. Abtheil. Kap. I.) Allein
theils reizten die bereits in andern Stiftern gemach=
ten Statute ihre Mitschwestern zur Nachahmung,
theils fiel man von selbst darauf, die schon vorhan=
denen Statute über die Aufnahme des Adels etwas
näher zu bestimmen. Man forderte also von den
adelichen Candidaten nicht mehr den bloßen Beweis
der Ritterwürde, sondern es wurde durchgängige

Sitte, zuerst zwey, und hiernächst vier Ahnen zu beweisen. Estor will zwar den Ursprung einer Ahnenprobe von vier Ahnen erst in dem sechzehnten Jahrhunderte finden, und beruft sich zu diesem Ende auf Fulda, Worms, Wirzburg, Bamberg (1) u. d. g. Allein es ist demohngeachtet ausgemacht, daß schon in der zweyten Hälfte des funfzehnten Jahrhunderts dieselbe hergebracht gewesen sey. In einer Urkunde von 1463 heißt es von einem gewissen Hanns Arnolt Rich von Richenstein, daß, „ee er zu seinlicher Pfründe, oder einem Warter „uffgenommen mag werden, Besatzung, und Wysung „ze tund schuldig ist, daß er von sinen vier Aenen von „ritterlichem edlen Geschlechte geboren, und Har= „kommen sy (m).‟ Man foderte also schon in dieser Zeit den Beweis von vier Ahnen in dem Stifte zu Basel, denn hier wollte Rich von Richenstein Domherr werden. Dieser Sitte blieb man auch in den folgenden Zeiten getreu, denn zu Anfang des sechzehnten Jahrhunderts, es war das Jahr 1507, mußte ein gewisser Gilger von Homburg die nämliche Probe aushalten. Ja man schien es schon gerne gesehen zu haben, daß

(1) Differt. de prob. nob. avita p. 48.

(m) Würdtwein subf. T. IV. p. 165 feq.

der Candidat mit einer größern Reihe von Ahnen
aufträte, da man in dem angezogenen Falle zum
mindesten den Beweis von vier Ahnen verlangte (n).
Uebrigens mags mir dahier, wo ich keine Untersuchung über die Ahnenproben selbst anzustellen habe,
gleich gelten, wie man die Ahnen erwies; — Es
mag seyn, daß Uriel von Gemmingen 1509
eine äußerst schwankende Ahnenprobe lieferte, und
sogar seiner Ahnen Vornamen vergaß (o): Soviel
ist dennoch gewiß, daß man schon im fünfzehnten
Jahrhunderte den Beweis von vier Ahnen kannte,
und foderte.

Es ist aber begreiflich, daß es bey diesem Ahnen-
beweise den Doctoren sehr übel gehen mußte. Nebst
dem, daß man damals die Vereinigung eines Unter-
rockes, und einer Doctorsepomis für eine Chimäre
hielt, war es wohl nicht leicht zu erwarten, daß
man eine an Doctoren so fruchtbare Ascendenz
haben sollte, wenn man auch den einzelnen Doctor
und Ritter in der Würde für gleich halten wollte.
Da man also anfieng, zwischen Adel und Adel zu unterscheiden, und nur den vierahnichten Adel für fähig
hielt, Präbenden in den Domstiftern zu erlangen,

_____

(n) Ebend. l. c. p. 163.

(o) Ioan. T. I. rer. mog. p. 838.

so mußte selbst die Meynung von dem Doctorsadel
zum Behufe der Doctoren nicht viel mehr frommen.
Wer von dem Pabste selbst eine Provision erhielt,
glaubte sich schon lange-nicht mehr der Pfründe um
deswillen gewiß, weil er eine päbstliche Urkunde
aufzuzeigen im Stande war, sondern berief sich nebst
diesem auf seine Abstammung. Wilhelm, Herzog
von Jülich, empfahl schon am Ende des vierzehnten
Jahrhunderts einen Rutger von Gynhoven
dem Capitel zu Maynz, und führte unter seinen
Gründen nebst der päbstlichen Provision und des
Candidaten guten Sitten vorzüglich auch diesen
an, daß in seiner Genealogie kein Hinderniß vorhanden wäre (p). Von Seiten des päbstlichen Hofes
bemerkte man bald, daß diese Verfeinerung in dem
Begriffe des Adels dem Doctorate nichts weniger,
als günstig sey, und suchte ganz in der Stille den
Folgen entgegen zu arbeiten. Im Jahre 1498
machten die Domherren zu Minden, zum Vortheile
des Adels und der Doctoren, ein Statut, setzten
aber in Rücksicht des ersten ganz vorsichtig hinzu,
daß die Candidaten von beyden Aeltern eines edeln
oder ritterlichen Geschlechtes seyn sollten; allein
Gregor fand diesen Zusatz für sehr überflüßig,

─────────

(p) Würdtwein T. IV. p. 143. 144.

und redete in seiner Beſtättigung ſchlechtweg von
einem edeln oder ritterlichen Geſchlechte (q). Aus
dieſem Benehmen der päbſtlichen Curie, welche
ſonſt gewohnt war, entweder die zu beſtättigenden
Rechte wörtlich nach dem eingegebenen Aufſaße zu
wiederholen, oder wenn ihr eine Aenderung be:
liebte, dieſelbe ſo feyerlich, als möglich, und mit
einem ganzen Schwarme von Clauſeln in der Be:
ſtättigungsbulle zu erklären, wird es begreiflich,
daß der deutlicher entwickelte Begriff vom Adel
derſelben nicht eben ſo angenehm ſeyn mußte. Allein
man ſieht in der Folge nicht, daß ſie dieſen Kunſt:
griff auch in andern Stiftern zu benußen geſucht
habe. Ob etwa die folgenden Curialiſten dieſen
ſeinen Kniff überſahen, ob man denſelben für unzu:
länglich hielt, die bereits herrſchend gewordene Idée
vom Adel wieder außer Curſe zu bringen, oder, ob
man ihn für überflüßig anſah, da demohngeachtet
mehrere Stifter nach dem Beyſpiele des Mindner
Capitels ihre zum Vortheile des Doctorats erwei:
terte Statute in der Folge beſtättigen ließen, läßt
ſich nicht beſtimmen. Auffallend mußte es doch
immer ſeyn, daß, da der edle Herr oder Ritter
ohne Ahnenbeweis weder bey Turnieren eine Rolle
ſpielen, noch einigen Anſpruch auf die Erz: und

(q) Würdtwein. ſubſid. T. X. p. 272. 278. 281.

hohen Domcapitel machen konnte, der Doctor ohne dieselbe unter dem Schutze des Doctorats allein fähig seyn sollte, sich in den Capiteln unter den Adel zu mischen, indeß man ihn nicht als einen ebenbürtigen Fechter innerhalb der Schranken der Turniere würde gedultet haben. Dieser Wider= spruch, der so offenbar da lag, trug nicht wenig bey, das Doctorat selbst herunter zu setzen, und in man= chem Capitel den Entschluß zur Ausschließung deſſel= ben reif zu machen.

Hiezu kamen noch viele andre, dem Ansehn des Doctorats entgegen wirkende Ereigniſſe. Man traf zwar schon von dem erſten Urſprunge des Docto= rats Spuren einer academiſchen Erwerbungsart bey Ertheilung deſſelben an. (II. Abth. Kap. I.) Allein nur der Franzoſe war fähig, schon in dieſer Periode auf das Extrem des Misbrauches zu verfallen. In Teutſchland wurden die Klagen über den Mis= brauch des Doctorats erſt in ſpätern Zeiten rege. Aber, da das Doctorsdiplom auf Academien anfieng, zu einem wucheriſchen Gewerbe herabgewürdigt zu werden, und daſſelbe auf Gefahr der Candidaten ertheilt wurde, da man ganze Heere academiſcher Ritter creirte, ſank auch das Ansehn des Docto= rats ſo tief, daß man sich deſſelben an Höfen ſchämte, und lieber alles, nur kein Doctor heißen wollte.

Im fünfzehnten Jahrhunderte zeichnete man es als
ein beyspielloses Phänomen auf, daß ein gewisser
Adolphus Gegener 30 Jahre lang practicirt,
mit unermüdetem Fleiße das geistliche und bürgerliche Recht studiert, und mit großem Beyfalle seine
Prüfung um den Doctorshut ausgestanden habe (r).
Von Seiten des kaiserlichen Hofes fieng man an,
die Ertheilung der Doctorswürde für eine Gna-
densache anzusehen, und dieselbe auch für baares
Geld feil zu biethen. — Schon Aeneas Sylvius machte diese Farcen lächerlich, und sagte es
laut, daß man die Doctorsdiplome von Hofe aus
um Geld verkauft habe. Bey dieser Lage der Sachen
geschah es oft, daß Doctoren der Rechte, oder der
Arzneykunde aus der schöpferischen Hand des Kaisers
hervorgiengen, welche weder eines, noch das andre
jemals studiert hatten, sondern um der Ehre willen
höchstens einen Anspruch auf den Titel eines Ma-
gisters der Philosophie gemacht haben würden. Die
Unwissenheit einzelner Doctoren, in denjenigen Wissenschaften, von welchen sie doch ihren Namen geführt hatten, mußte natürlich dem ganzen ehrsamen
Doctorsstande ein böses Spiel machen.

Bald fühlten auch die Doctoren diese Kränkung,
und suchten durch Adelsdiplome denjenigen Rang

(r) Diploma von 14, 75 f. bey Itterus p. 161.

unter dem Adel zu behaupten, welchen sie nicht mehr
durch ihre Doctorswürde allein behaupten zu können
glaubten. So hoch auch der Ton war, in welchem
die Doctoren noch im sechzehnten Jahrhunderte
sprachen, als man ihnen und ihren Weibern das
Recht, sich, wie der Adel zu kleiden streitig machen
wollte, und so nachdrücklich sie es sagten, daß sie
nicht nöthig hätten, sich mit fremden Federn zu
schmücken, so hatten dennoch ihre Vorfahrer durch
Handlungen lange vorher schon gegenseitige Gesinnungen gezeigt. Schon zu Zeiten S i g i s m u n d s
mußte es Doctores geben, welche sich um Adels-
briefe bewarben, und sich eine Ehre daraus machten,
dieselbe zu erhalten. Ein gewisser Doctor G e o r g
F i s c e l l u s hatte eben erst die ritterlichen Insignien
vom Kaiser S i g i s m u n d erhalten, der damals sich
zu Basel der Kirchenversammlung wegen aufhielt. —
Es galt hier einer Berathschlagung in einer wichtigen Sache, und die Doctoren und Ritter waren in
abgesonderten Gruppen zu seinen beyden Seiten gestellt. — Da zierte sich denn der neue Ritter gar
erbärmlich, und konnte lange nicht schlüßig werden,
welche Seite er wählen sollte. Schon wankte er
auf die Seite der Ritter, als er durch einen Machtspruch des Kaisers von seinem ritterlichen Schwindel
geheilet wurde. „Thor“, sagte der Kaiser, — „du

„ziehst den Adel den Wissenschaften vor — und doch „kann ich in einem Tage tausend Ritter machen, und „in tausend Jahren nicht einen Doctor." Diese Sprache und Lobrede des Doctorats aus dem Munde eines Kaisers hätte freylich dem Ansehen des Docto= rats einen neuen Schwung geben sollen. Allein theils wurde dieselbe zu stark durch die Handlung des albernen Doctors contrastirt, theils war die witzige Lobrede des Kaisers einer Menge Auslegungen fähig. Die Natürlichste war, daß er nicht jeden, der ein Doctorsdiplom hatte, dem Ritter vorziehen, sondern nur überhaupt den Wissenschaften vor dem Adel den Vorzug einräumen wollte. Hiebey konnte der gemeine Haufe der Doctoren an seiner Achtung nichts gewinnen, und der bey weitem kleinere Theil der wahrhaft Gelehrten, vermischt unter diesem gelehrten Janhagel, sah sich zu dem nämlichen Loose, das der Janhagel allein verdiente, ver= dammt.

Der Erfolg zeigte auch, daß Sigismunds Arzney die Narrheit der Doctoren nicht zu curiren im Stande war. In der Folge wollte dennoch wieder alles Ritter werden; — „Gelehrte", sagt Aeneas Sylvius, „die unter Büchern erzogen sind, scheuen „sich nicht, auch wenn sie einen schwächlichen „Körper, und eine furchtsame Seele haben, um

„die ritterlichen Inſignien zu buhlen: Wären die
„Ritter meines Sinnes, fährt er fort, ſo müßten
„ſie auch Doctores werden, denn ſie verſtehen von
„den Geſetzen ſo wenig, als jene von den Waffen (s).‟
Nun zeigt aber die tägliche Erfahrung, daß das
nöthige Gleichgewicht unter den Ständen in einem
Staate ſobald geſtört wird, als mehrere Glieder des
einen Standes ſich eine vorzügliche Ehre daraus
machen, in einen andern beſtimmten Stand erhoben
zu werden. Unſre mit Adelsbriefen ſo freygebige
Reichskanzley, und die kindiſche Begierde einiger
bürgerlichen, die nichtsbedeutenden drey Buchſta=
ben mehr vor ihren Namen zu ſchreiben, iſt offen=
bar eine Miturſache des Stolzes, welchen man dem
alten Adel vorzuwerfen pflegt. Solche Leute bleiben
doch immer eine Art von Amphibien, und man
pflegt ſie von Seiten des Adels ſowohl, als des
Bürgerſtandes in Rückſicht ihrer Standsverände=
rung nicht anders zu betrachten, als die manche
Convertiten in Rückſicht ihrer Religionsänderung;
und dennoch ſchaden ſie der bürgerlichen Achtung
des Standes, aus dem ſie getretten ſind, ungemein.
Eben ſo gieng es in ältern Zeiten den Doctoren:

(s) Hiſtoria rerum Friderici III. (Freiberg. Ausg.)
p. 81.

Da ihre eigene ehrſame Zunftgeſellen den ſonſt ſo
geprieſenen Doctorsadel verkannten, und, indem
ſie um Rittersdiplome buhlten, hinlänglich an Tag
legten, daß ſie die Würde eines Ritters, auch wenn
er keine Ahnen hätte, höher achteten, als jene
eines Doctors, wie mußte itzt das übrige Publicum
das ſchöne Märchen von dem Adel der Doctoren
anſehen?

Hiezu kam, daß auch aus der Mitte des Adels
Doctoren hervorgiengen; — Schon im dreyzehnten
Jahrhunderte trifft man in dem Capitel zu Maynz
einen Conrad von Reiſenberg und einen
Heinrich von Rudesheim an, von denen ſich
der erſte magiſter pariſienſis, der andre Doctor der
Decrete nennt. Im vierzehnten Jahrhunderte machte
ſich der nachherige Biſchof von Bamberg, Lupold
von Bebenburg vorzüglich berühmt, und ſpielt
noch heut zu Tage in der Litteratur des Staatsrechts
keine unrühmliche Rolle. Aber im fünfzehnten
Jahrhunderte bewarben ſich Adeliche aus den an-
geſehenſten, zum Theile noch heut zu Tage blü-
henden Familien um die Doctorswürde. In dem
einzigen Capitel zu Maynz waren Albert Schenck
von Limburg, Philipp von Girſtein,
Macarius von Buſek, Bernhard von
Breidenbach, Fridrich Kuchenmeiſter

von Gamberg, Hartmann, Burggraf von
Kirchberg, Ewald Faulhaber von Wech-
tersbach, Jacob von Liebenstein Doctoren
oder Licentiaten (t). Johann von Dalberg,
Domherr zu Maynz, Trier und Worms, war ein
Mann, sagt Trithemius (u), der in allen sieben
freyen Künsten bewandert war, und sogar drey
Sprachen, die hebräische, griechische und latei-
nische verstand; — Er — die einzige Zierde der
Teutschen, wurde wegen seiner ausgebreiteten Gelehrsamkeit nicht allein von seinen Landesleuten be-
wundert, sondern selbst von auswärtigen Nationen.—
Kam ein Buch heraus, so kaufte er es mit brennen-
der Begierde auf, und sammelte sich einen beträcht-
lichen Schatz von hebräischen, griechischen und latei-
nischen Werken in jedem Fache der Wissenschaften.
Diese Erscheinung unter dem Adel hatte zwey Wirkungen. Einer Seits nahm man adeliche Doctoren in die Capitel auf, wenn doch durchaus Doctores in denselben seyn sollten, — Diese Männer
vergaßen des Adels bey ihrer neuen Würde nicht,
sondern begünstigten das Interesse desselben so gut,

(t) Diese Nachrichten sind aus Hellvichius nobilitatis
ecclesiæ moguntinæ. Mog. 1623. — es steht auch in
Ioann. rer. mog. T. II. p. 205.

(u) Chron. Hirfaug. T. II. p. 514.

wie der vielahnigte Nichtdoctor. Hiedurch geschah
es, daß manchmal Capitel von unadelichen Doctoren gereiniget wurden, und folglich um so leichter
Projecte zur Ausschließung des Unadels gemacht,
und wenigstens in der Folge durchgesetzt werden
konnten. Andrer Seits aber bin ich überzeugt, daß
durch dieses Ereigniß die Doctorwürde von ihrer
ursprünglichen Größe sehr viel verlor. Zwar sollte
es scheinen, daß das Ansehn derselben durch die
Begierde, mit welcher der Adel nach derselben strebte,
gewachsen sey. Allein selbst dies würde der stärkste
Beweis der herabgesunkenen Doctorswürde gewesen
seyn, wenn man sich eine Ehre daraus gemacht
haben würde, daß ein Mann von Ahnen sich bis
zur Annehmung des Doctorhuts herabgewürdiget
hätte; — Ehedem, da es entweder gar keine Doctoren aus dem Adel gab, oder wo sie wenigstens eine
vorübergehende Erscheinung waren, stand das Doctorat da zwischen Adel und Unadel, und man wußte
nicht, sollte man ihn dem Adel beyzählen, oder ihm
gar eine Stelle über demselben anweisen. Der
Adel sowohl, als der Unadel bewunderte diese auß-
serordentliche Würde, und indeß der erstere mit einer
aus Neid und Hochachtung vermischten Empfindung
dieselbe anblickte, war es für den letztern ein Triumph,
aus seinem Mittel dergleichen Männer von der ersten

Größe hervorgehen zu sehn. Nun war diese Würde
getheilt mit dem Adel, die Bewunderung artete
in Gleichgültigkeit aus, und der Triumph war
vorüber.

Als diese Bewunderung vorüber war, und man
mit kaltem Blute über den Nutzen und Schaden
der Doctoren nachdenken konnte, nahm die Sache
eine noch schlimmere Wendung für das Doctorat:
Der Adel sah, daß seine edelsten Rechte durch römische und decretalistische Grillen verhunzt, und seine
Vorzüge verkannt, oder aus einem unrichtigen Gesichtspuncte betrachtet wurden. Er sah sich also
genöthiget, der übergroßen Gelehrsamkeit der Doctoren statt der Bewundrung, die er ihr ehemals
zollte, vielmehr zu fluchen: Sowohl in Provinzen,
als auf dem Reichstage schilderte man den Doctoren-
unfug mit den gehäßigsten Farben, man machte
Verbindungen gegen ihre falschen Orakelsprüche,
und hatte nichts weniger projectirt, als das ganze
Doctorat aus den Gränzen des teutschen Reiches zu
verbannen. Fridrich III. schien schon gewonnen
zu seyn, um das Interesse des Adels zu begünstigen.
Auch er hielt dafür, daß die Rechtssprüche der Doctoren die Billigkeit verdrängten, und die Gerechtigkeit
beschimpften, und wenn die Speyerische Chronik
uns kein Märchen erzählt, so beschloß er wirklich

auf einem Reichstage zu Maynz mit dem Exilium
des Doctorats und der fremden Rechte der teutschen
Nation ein Verghügen zu machen (x). Dies wäre
nun frenlich etwas zu rasch gegangen gewesen: Man
mochte die Unthunlichkeit des Projects eingesehen
und bey Seite gelegt haben, zumahl da mächtige
Gegner aufstanden und sich und ihre Wissenschaft mit
vieler Beredsamkeit vertheidigten; denn Doctorat
und fremdes Recht blieb noch, wie vor, auf teutschem
Boden. Indessen hatten doch die Doctores ihren
Credit bey dem Adel verloren, und es war nichts
anders zu erwarten, als daß er diese gelehrte Ver-
nichtiger seiner Rechte in so genauen Verbindungen
mit sich selbst, als die Capitel waren, mit schiefen
Augen ansehen mußte.

Nimmt man alle diese Gründe zusammen, so
wird es begreiflich, wie sehr das Ansehen der Doctoren einer Seits gesunken sey, andrer Seits aber,
wie sehr die Capitel gewünscht haben mochten, von
diesen lästigen Gästen befreyt zu seyn. Im sechzehnten Jahrhunderte glückte es daher schon manchen
Stiftern, der zum Vortheile des Doctorats bestehenden Statute ohnerachtet dasselbe zu verbannen.
Man suchte die alten Gründe von der Läge der

(x) Goldaſt T. I, p. 166 ſqq.

Stiftsgüter in den Ländereyen und Herrschaften ver=
schiedener Fürsten und weltlicher Herrn wieder vor,
die nur allein durch den Beystand und die Macht
des Adels geschützt und erhalten werden konnten.
Bey den genauer bestimmten Begriffen von Adel
und Unadel hatte man zwar nicht zu befürchten, daß
man aus eben diesem Grunde das Doctorat in den
Capiteln für nothwendig halten würde, weil man
des Schutzes der Mächtigen bedürftig war; indeß
glaubte man doch desselben ausdrücklich erwähnen
zu müssen, um allen künftigen Misverständnissen,
welche etwa die Idee von dem Adel der Doctoren
noch erzeugen könnte, auszuweichen. So bestättigte
Leo X. ein Statut des Capitels zu Osnabrück,
vermöge dessen jede Art von Doctorat ausgeschlossen,
hingegen dem Freyherrn oder gebohrnen Ritter
allein der Zutritt in das Capitel auf künftige Zeiten
offen seyn sollte (y). Die Domherren von Mün=
ster legten dem Pabste Pius V. ihr Statut zum
ausschließenden Vortheile des Adels mit Beschrei=
bung ihrer Ahnenprobe, die damals schon auf vier
gerichtet war, zur Bestättigung vor; — der Pabst
fand um so weniger Bedenken dabey, da schon einer
seiner Vorfahren Jul II. im Jahre 1504 ein

(y) Köblers Münzbelustkunsten, Th. XVII. S. 16.

Statut zum ausschließenden Rechte des Adels bestättiget hatte (z). Der Beredsamkeit der römischen
Curialisten fehlte es nicht an Entscheidungsgründen,
welche aus allen rednerischen Gemeinplätzen genommen wurden. Nicht nur allein der Glanz und
die Würde der Domkirchen, glaubte der Pabst,
gewinne durch solche Statute, sondern die uralte,
und längst verjährte Gewohnheit gebe dem Capitel
ein wohlerworbenes Recht, das durch ein ausdrück-
liches Statut zu bestimmen, was es durch dieselbe
bereits hergebracht habe. Lehrte nicht die Erfahrung, wie wenig es dem päbstlichen Hofe koste,
Gewohnheiten, Statute und Observanzen zu vernichten, wenn sie seinem temporären Interesse entgegen zu seyn schienen: so könnte ich mir's nicht
erklären, wie man hier den Rechtsbestand solcher
Gewohnheiten, welche dem Doctorate so ungünstig
waren, so feyerlich habe anerkennen mögen? Ein
gleiches Statut errichteten die Domherrn zu Lüttich,
und bestimmten die Anzahl und Eigenschaft der
Ahnen noch genauer. Geburtsadel forderten sie
schlechterdings von des Candidaten Aeltern, doch
gaben sie in Rücksicht der Großältern nach, und
waren zufrieden, wenn der väterliche oder mütterliche

(z) Lünig spicil. ecclef. T. II, p. 1125 seq.

Großvater von dem Pabſte, dem Kaiſer, oder einem Könige den Adel erhalten hatte (aa). Dieſem Bey-ſpiele folgten mehrere Stifter bald früher bald ſpä-ter nach.

Unterdeſſen aber waren die Unruhen, welche Luther in Teutſchland in der Religion erregt hatte, lange ſchon in ihrer völligen Gährung, und ſchienen dem Stiftsadel der proteſtantiſchen Staaten eben nicht gar günſtig zu ſeyn. Schon Luther glaubte ſich daher berufen, die Rolle eines Lobredners und Vertheidigers der Stifter und inſonderheit des Adels zu übernehmen; „Die alten Stifte und Thume,‟ ſagt er, „ſind darauf geſtiftet, daß, weil nicht ein „jeglich Kind vom Adel Erbbeſitzer und Regierer „ſeyn ſoll, nach teutſcher Nation Sitten in denenſelben „Stiftern es mögte verſetzet werden, und allda Gott „frey dienen, ſtudieren und gelehrt werden und „machen u. d. g.‟ (bb). So ſehr ſich Luther auch irrte, wenn er das als urſprünglichen Zweck der Stiftungen verkaufen will, worauf der Adel erſt in der Folge verfallen iſt, ſo treffend ſchildert er hier die damaligen Geſinnungen des Publicums, ſo genau

(aa) Bey Cramer de juribus & prærog. nob. av. im An-hange: das Statut iſt von 1560.

(bb) Luther T. I. Jenenſ. German. p. 308.

H

beweißt sein Zeugniß, von welcher Seite man da=
mals die Erz= und hohen Domstifter angesehen habe.
Luther mochte doch wohl auch den Doctoren nicht
abgeneigt gewesen seyn, und hie und da gerne ein
paar Worte zum Vortheile derselben geredet haben.
Aber hier, wo er von dem Zwecke der Domstifter
redet, entfällt ihm auch nicht eine Sylbe zum From=
men des Doctorats. Hätte er nicht eben so gut
sagen können, sie seyen gestiftet für fromme und
gelehrte Männer, welche Muth und Geschicklichkeit
genug besäßen, die Ehre und Würde der Kirche zu
vertheidigen; oder hätte er nicht wenigstens neben
dem Adel auch des Doctorats gedenken können?
Dieses Stillschweigen beweißt indessen, was schon
aus dem, so ich bereits angeführt habe, erhellt,
daß man auf das Doctorat keine so große Rücksicht
mehr in den Domstiftern genommen habe. Unter=
dessen schien das Doctorat, so zu sagen, wieder
empor zu leben, als die versammelten Väter zu
Trident so treffliche Verordnungen zu seinem Vor=
theile machten. Die zwey= drey= und vier und zwan=
zigste Session hatte großen Theils die Erhebung des
Doctorats zum Gegenstande der Berathschlagun=
gen eben so, wie zum Resultate derselben. Wenn
es erlaubt wäre, den heiligen Vätern zu Trident
so kleine menschliche Nebenabsichten bey all ihren

Eifer für die Wohlfahrt der Kirche zuzutrauen, so
würde ich sagen, daß ihre Selbstliebe bey diesen
Verordnungen mit ins Spiele gewesen sey; eine
Schwachheit, welche ich diesen Herren recht gerne
verzeihe, da sie nur Menschen seyn mußten, um
derselben unterworfen zu seyn. In dem Gefolge der
Bischöffe und Gesandten befanden sich mehrere
Doctoren der Rechte und der Gottesgelehrtheit,
welche noch nicht einmal eine Präbende in Collegiat-
stiftern erlangt hatten. — Kein Wunder, wenn
sie sich Mühe gaben, mehrere Verordnungen zum
Vortheile des Doctorats durchzusetzen; und da es
doch immer besser ist, ein Domherr zu seyn, als
ein Chorherr in den Nebenstiftern, so ist es begreiflich, warum man die Domcapitel dem Doctorate
eröfnet wissen wollte — Doch setzen wir diese Absichten bey Seite, und werfen wir einige Blicke auf
die damalige Lage der Kirche: so werden wir eine
Furcht gewahr, welche sich von selbst den Vätern
zu Trident aufdrang, eine Furcht, es möchten wohl
manche Capitel Luthers Lehre in jedem Betrachte
behaglicher finden, als die Lehre der römischen
Kirche. Sie befahlen daher, daß jeder neue Chorherr binnen zwey Monaten das Glaubensbekenntniß
und einen Eid abzulegen habe, bey demselben auf

immer zu beharren (cc). Dies war eine Verordnung, welche geradezu die Absicht der heiligen
Väter verrieth. Andre Verordnungen, welche nicht
geradezu, sondern durch Umwege einem gefürchteten
Uebel entgegen arbeiten, und um deßwillen oft
wirksamer sind, als die Ersteren, suchten natürlicher
Weise die erleuchteten Väter zu Trident, gleichfalls
durchzusetzen. Hierunter gehören die beliebten Vortheile des Doctorats. Konnte man mehrere Doctoren in die Erz- und hohe Domcapitel bringen, so
waren die festen Grundsätze, welche man ihnen zutraute, und die Ueberzeugung von der Wahrheit der
catholischen Religion, welche ein Resultat derselben
war, ein Damm, den man dem Eindringen der
neuen Lehre in die Capitel entgegen setzen konnte.
Hiezu kam, daß man sich von dem Eifer und der
Geschicklichkeit der Domherrn auch ausser den
Gränzen des Capitels wohlthätige Wirkungen für
die Würde der catholischen Kirche versprach. Indessen würde man der Gerechtigkeitsliebe der heiligen Väter zu nahe treten, wenn man behaupten
wollte, daß sie auf Kosten des Adels das Doctorat
hätten erheben wollen. Man betrachte nur all' ihre
Verordnungen unbefangen und im Zusammenhange.

(cc) Seß. 24. de reform. C. XII.

Wenn Sie von einem Candidaten verlangen, daß
er entweder mit einer academiſchen Würde, oder
mit einem hinlänglichen Zeugniſſe ſeiner Lehrtalente
von der Academie zurücke kommen müſſe, ſo laſſen
ſie die übrigen etwa durch die Statute beſtimmte
Eigenſchaften in Rückſicht der Geburt, des Alters
u. d. g. unverſehrt (dd). Ja, wenn die Synode
ſagt, daß wenigſtens die Hälfte der hohen Dompräbenden an Doctoren, oder Licentiaten der Rechte,
oder der Gottesgelehrtheit vergeben werden möchte,
ſo ſpricht ſie nicht in dem gebietheriſchen Tone der
geſetzgebenden Gewalt, ſondern ſie mahnet nur,
ſie hebt nicht, wie ſie es bey andern Gelegenheiten
zu thun gewohnt war, die entgegenſtehenden Statute und Obſervanzen auf, ſondern ſcheint vielmehr
die Sache dem billigen Ermeſſen der Domcapitel
anheim zu ſtellen (ee). Hätte es doch nur einige
Federſtriche gekoſtet, die der römiſchen Curie ſo
geläufige Clauſel non obſtantibus quibuscunque
Statutis & conſuetudinibus dieſer Verordnung anzu-
hängen, wenn es der Synode Ernſt geweſen wäre,

(dd) Quicunque poſthac ad eccleſias cathedrales erit aſſu-
mendus, is non ſolum *natalibus*, ætate, moribus, &
ortu ac aliis, quæ a ſacris canonibus requiruntur,
plene ſit præditus. Seſſ. XXII. cap. 2. de reform.

(ee) Hortatur ſancta Synodus Seſſ. XXIV. c. 12.

in jedem Stifte die Pfründen zwischen dem Doctorat und dem Adel zu theilen. Aber nein: sie will ihre Verordnung nur in solchen Provinzen durchgesetzt wissen, wo sie bequem durchgesetzt werden kann (ff). Wo sie bequem durchgesetzt werden kann? — Also nicht in jenen Provinzen Teutschlands, wo bereits verjährte Gewohnheiten und Statute, kaiserliche und päbstliche Urkunden dem Adel ein ausschließendes Recht versichert hatten; nicht in jenen Provinzen Teutschlands, wo das ohnmächtige Doctorat dem raubgierigen Adel Gelegenheit geben würde, diejenigen Güter anzufallen, von denen er sich und seinen Nachkommen keinen Vortheil erwerben kann. Nicht in jenen Provinzen Teutschlands, wo man bey Durchsetzung dieser Verordnung Zwiespalt und Unruhe des Capitels und Mißvergnügen des Adels erwarten, und der zahlreiche Adel in der Entziehung so vieler Pfründen, womit ein Theil derselben bisher sich und seine Verwandten im Wohlstand erhalten hatte, seinen Untergang befürchten müßte; nur da, wo es bequem geschehen könnte, sollte die Hälfte der Präbenden an die Doctoren vergeben werden. Aber wenn auch die Synode noch so ernstlich auf der Theilung

---

(ff) l. c. *ut in provinciis, ubi id commode fieri potest:*

der Präbenden zwischen Doctoren und Nichtdoctoren
bestanden wäre; was wäre dem Adel selbst entzogen
worden. Die Synode scheint sich nichts im Allge=
meinen bey Erwähnung der Doctoren vom Unadel
zu denken, sondern vielmehr eben so wie die Statute
und Gewohnheiten bey dem Candidaten, den erfo=
derlichen Adel voraus zu setzen. Gegen denselben
erklärte sich die Synode auch nicht ein einzigesmal,
wohl aber mit dürren Worten für denselben, wenn
sie von dem Candidaten nebst den Vorzügen der
Geburt, auch die Doctorswürde fodert. Die
versammelten Väter zu Trident wollten also, wie
mir dünkt, in den Gemüthern des Adels den Geist
der Gelehrsamkeit erwecken, und die ehrwürdigen
Seminarien künftiger Bischöffe und Kirchenprälaten
in Wohnungen von Gelehrten umschaffen, welche
theils die ruhmvolle Rolle der Glaubensverfechter
übernehmen, theils das Aergerniß wieder gut machen
sollten, welches etwa die Domherren durch ihre
Unwissenheit sowohl, als durch ihr zügelloses Leben
gegeben haben mochten (gg). Die Erfahrung hatte
bereits gelehrt, daß auch der Adel der Doctorswürde
nicht unfähig sey, die Väter zu Trident glaubten

(gg) Bradburger de formula reformat. ecclesiastic.
P. 220.

also, ihre Foderung nicht zu hoch gespannt zu haben, wenn sie auch in jenen Stiftern, wo bereits
kein Doctor mehr unter dem bloßen Titel des Doctorats aufgenommen wurde, die Hälfte der Präbenden
in den Händen der Doctoren sehen wollten. So
wären denn die Väter zu Trident behutsamer und
bescheidener mit den wohlerworbenen Rechten der
hohen Erz= und Domstifter verfahren, als ehemals
die Väter zu Costanz, welche mit einem Schlage
alle Statute und Observanzen über das ausschließende
Recht des Adels, auch wenn sie von dem Pabste
bestättiget wären, zu vernichten schienen, und nur
da eine Ausnahme gestatteten, wo ursprüngliche
Stiftung der Kirchen, oder der Pfründen den Adel
allein begünstigten. Der Erfolg klärte die Gesinnungen der Väter zu Trident am besten auf. Die
Capitel, in denen der Adel bereits ausschließenden
Besitz gefaßt hatte, veränderten weder ihre Statute,
weder nahmen sie Doctoren aus dem Unadel in ihr
Mittel auf. Ja der römische Hof erkannte den
Rechtsbestand der Statute für das ausschließende
Recht des Adels in einem hochberühmten und für
ganz Teutschland in der Folge interessant geworde-
nem Falle an. Es war das Jahr 1557, da starb
ein Münsterischer Domherr, Bernhard von
Münster, und ein gewisser Hans Schencking,

ein sogenannter Burgmann, erhielt von Paul IV.
eine Provision, welche er den 27. October des nem=
lichen Jahrs präsentirte und in Besitz der erledigten
Präbende gesetzt zu werden verlangte.   Allein das
Capitel zu Münster weigerte sich dessen.   Schen=
ck i n g konnte von Rom aus Unterstützung hoffen,
und siehe, er fand sie: denn am 6ten Jul. 1558,
erhält er von der römischen Rota ein Urtheil gegen
das Capitel,   worinn dessen Einwendungen für
unerlaubte, verwegene und ungerechte Ausflüchte
erklärt wurden, mit der Auflage, den Burgmann in
Besitz zu setzen.   Das Capitel fand nicht für gut
zu gehorchen, ein Ungehorsam, dessen traurige Fol=
gen ein Ohngefähr verhinderte: denn Pabst Paul
verstarb, und räumte den Thron Pius dem Vier=
ten, ein.   Hier änderte sich die Szene, denn Paul
Draco der päbstliche Referendar, war für das
Capitel zu Münster gewonnen, und mußte dem
Pabste die bereits von Jul II. bestättigten Capitels
statute vorlegen, vermöge welcher nur dem zwey=
ahnigten Adel eine Präbende gegeben werden
konnte. Man sagt, die großen Herren widersprä=
chen selten bey solchen Fällen.   So gieng es auch
hier; — der Pabst bekannte mit eben so vieler
Bescheidenheit, als Freymüthigkeit, die Päbste
seyen nicht gewohnt, den Statuten zu derogiren;

Paul IV. habe nur den Unterschied zwischen dem
ritterlichen und burgmännischen Adel nicht gekannt,
und folglich mit seinem Urtheile weiter nichts sagen
wollen, als Schencking möge binnen einer bestimmten Frist seinen statutenmäßigen Adel erweisen.
Da nun dieser Termin schon lange verflossen sey,
so müsse er freylich den Candidaten mit seinem Gesuche
abweisen. So war denn die päbstliche Infallibilität
auf eine feine Art gerettet, die Statute des Capitels
wären anerkannt, und die Wünsche desselben erfüllt.
Allein die päbstliche Curie, so dachte Schencking,
die schon einmal ihre Meynung auf eine so unerlaubte Art zu ändern gewußt hat, ändert ihre Meynung auch das zweytemal, und Schencking
dachte sich Wahrheit: denn siehe, kaum waren dreyzehn Jahre von Eröfnung des letzten Urthels verflossen, so erschien ein Neues, wodurch das erste
von Paul IV. gefällte Urthel bestättiget wurde.
Die Executorialen wurden nun zugleich, ich weiß
nicht, an wieviel Potentaten, Fürsten und Bischöffe
gerichtet, dem Capitel mit Bann und Interdicten
gedrohet; und gar von Dathan, Chore und
Abyron gesprochen (hh). Der weitere Verlauf
der Sache gehört nicht hieher. Soviel ergiebt sich

(hh) Lünig. bibliotheca deduct. p. 447 seq.

indeſſen, daß man auch nach dem Kirchenrathe zu
Trident die Statuten der Stifter über das ausſchlieſ-
ſende Recht des Adels anerkannt habe. Dieſe
Widerſprüche der päbſtlichen Entſcheidungen und
der Sieg, den doch zuletzt der Burgmann davon
trug, ſind meiner Behauptung nichts weniger, als
nachtheilig; — Weil P a u l IV. dafürhielt, ſein
Proviſus habe den ſtatutenmäßigen Adel erwieſen,
befahl er dem Capitel zu Münſter, denſelben in Beſitz
zu ſetzen, und weil P i u s I V. das Gegentheil glaubte,
wies er den Candidaten ab. Zuletzt überzeugte ſich
die römiſche Rota wieder vom Gegentheile, und
deßwegen verhängte ſie zu des Burgmanns Gunſten die Executorialen; deßwegen drohte ſie mit
Bann und Interdicten; deßwegen ſprach ſie von
Chore, Dathan und Abyron. Dieſer Handel
war aber im Ganzen dem Adel, welcher einmal
ausſchließenden Beſitz in den Domſtiftern genommen
hatte, ſo wenig nachtheilig, daß er vielmehr demſelben neuen Muth einflößte, in Fällen, wo man
ihm Leute vom Unadel aufdringen wollte, dreiſt mit
ſeinen Statuten ſelbſt vor der römiſchen Rota aufzutretten.

Mehrere Capitel machten ſelbſt nach dem Tri-
dentiniſchen Kirchenrathe zum ausſchließenden Vortheile des Adels Statute, ohne daß man Wider-

ſprüche erregt hätte. Noch 1527 war **Balthaſar
Merklin** Biſchof zu Hildesheim, ein Mann von
geringem, wiewohl ehrbarem Geſchlechte; und 1573
iſt unter den Domherrn des Capitels daſelbſt ein
Mann vom Unadel aufgetretten, mit Namen **Theo‐
doricus Blecker**, der bey der Wahl des Erzbi‐
ſchofs **Ernſt** von Cölln keine unrühmliche Rolle
ſpielte. Und dennoch trifft man von den Zeiten des
Erzbiſchofs **Ernſt** keine vom Unadel mehr in dieſem
Capitel an (ii). Selbſt **Max II.** beſtättigte das
zu Münſter beſtehende Statut vom ausſchließenden
Rechte des Adels mit dem ausdrücklichen Zuſaße,
daß er die löblichen Gebräuche, Gewohnheiten,
Statuten und Privilegien der Stifter ungekränkt
erhalten wolle, und ernannte den Cammerrichter
und die Aſſeſſoren zu Vollſtreckern und Bewahrern
dieſer Beſtätigungsurkunde. Ja es wurde in dieſen
Zeiten die Meynung gäng und gebe, als wären die
Erz‐ und hohen Domſtifter vorzüglich zum Unter‐
halte und zur Verſorgung des Adels geſtiftet —
eine Meynung, welcher man mit dem gröſten Ver‐
gnügen den Beyfall gab, und mit aller damals

(ii) **Supnemann** Canon. Colleg. S. **Andreæ** in Hildes‐
heim in licita, legitimaque defenſione p. 43. citatus a
Caſpare Calvör in Saxonia Inferiore antiqua gen‐
tili, & chriſtiana Part. III. L. I. C. I. §. 15.

üblichen Beredsamkeit zu unterstützen suchte. „Wir
„wollen," sagen die evangelischen Grafen und Frey=
herrn, in ihrer Bittschrift an Max II. vom Jahre
1565; „in keinen Zweifel setzen, Euer kaiserliche
„Majestät werde sich allergnädigst zu erinnern wissen,
„welcher Gestalt vor vielen Zeiten die Stift und
„Erzstifte fürnemlich zur Ehre Gottes, und dann auch
„zur Erhaltung und Aufnehmung fürstlicher, gräfli=
„cher und adelicher Häuser und Geschlechter fundirt
„und geordnet, von vielen Kaisern, Königen, Fürsten,
„Grafen und Herrn hochlöblichster mildester Gedächt=
„niß reichlich begabt" u. d. g. Ja in ihrer Replik
vom Jahre 1576 ziehen sie aus diesem Vordersatze
ganz deutlich die Schlußfolge zu ihrem Vortheile,
„dieweil," sagen sie, „männiglich weiß, daß Kaiser
„und Könige, Fürsten und Herrn, auch viel unserer
„gottseligen Vorfahren der gräflichen Geschlechter
„im heil. Reich mit angeregten Stiftungen inge=
„mein sowohl, und nit weniger auf die Unterhaltung
„der hohen Geschlechter, als auff anders mehr gese=
„hen, auch die hohe und andere adeliche Stiffte
„aus der fürnemlichen Ursach so ansehnlich dotirt, daß
„sie dadurch ihrer und menniglich der Posterität
„fürstlicher und gräflicher Häuser, auch dero von
„Adel gleichsam eine ewige Versehung und Unter=
„haltung, doch mit einer solchen Maß zu schöpfen

„gemeint gewesen, daß sie dabey einen eingezogenen,
„erbarn, christlichen und löblichen Wandel führen
„sollten“ u. d. g. (kk).

Diese allgemein geworbenen Gesinnungen er-
weckten einen Gemeingeist unter dem Adel, welcher
allein im Stande war, so oft die Rechte des Adels
gegen die Macht der Großen zu schützen. Die
Reichsritterschaft war unterdessen zu einem reifern
Alter herangewachsen, und gab durch ihr Beyspiel
den überzeugendsten Beweis, daß auch vereinzelte
Unmacht durch Vereinigung respektabel werden könne.
Könnte sie durch ihre Eintracht, durch das Zusam-
menhalten ihrer Kräfte, und durch ihren biedern
Gemeingeist die Fesseln zerreißen, mit denen sie in
den vorigen Jahrhunderten an die Fürsten gebunden
war; könnte sie für jedes einzelne Mitglied eine
Gewalt erwerben, die Nebenbuhlerinn der Landes-
hoheit ist; könnte sie endlich die Rechte eines Standes erringen, der einzig in seiner Art, mit beynahe
allen Rechten der Reichsstände begabt, und doch
selbst kein Reichsstand dem Kaiser und Reiche unmittelbar unterworfen ist, so mußte sich ihr beynahe

---

(kk) S. Autor des Bedenkens, ob im heil. röm. Reich
die Erz- und andre Stifte beständig in ihrem Esse
und Wesen zu erhalten p. 47—57, 61.

von selbst der Gedanke aufdringen, die bereits erworbenen Rechte in den Erz- und hohen Domcapiteln noch fester zu begründen. Was war natürlicher, als eine Vereinigung der Reichsritterschaft, mit gesammten Kräften den alleinigen Besitz in den Erz- und hohen Domcapiteln zu erhalten, welcher für ihren eigenen Wohlstand von so ausgemachtem Interesse war. — Die Unterlassung dieses Schrittes würde in der Geschichte der Reichsritterschaft ein unauflösbares Problem geblieben seyn, und mit dem ganzen Systeme ihrer Handlungen einen frappanten Contrast gemacht haben. — J. J. 1609 und 1610 nahm also die Reichsritterschaft bey ihren Correspondenztagen im Monate May zu Speyer die Verabredung, auf immer alle Graduirte von den Hoch- und Ritterstiftern in ihren Cantons auszuschließen. Nicht, als ob sie durch diese Verabredung ein neues Recht festsetzen wollte, denn schon lange war kein Doctor mehr in Bamberg, Wirzburg, Maynz, Worms, u. d. g.; sondern sie gebrauchte ihren Verein blos zur Erhaltung eines bereits erworbenen Rechtes, und verband sich, für einen Mann zu stehen, wenn der römische oder kaiserliche Hof den Capiteln einen Candidaten aus dem Unadel aufdringen wollte. Dieser Gemeingeist der Reichsritterschaft gieng in der Folge auf den Adel

des ganzen Reiches über, der in der Mitte des
siebenzehnten Jahrhunderts sowohl bey dem päbstlichen als kaiserlichen Hofe alle Künste der Politik
anwendete, um ihre Einwilligung zu einer allgemeinen Ausschließung des Doctorats aus den hohen
Etz- und Domcapiteln zu negociiren (ll). Allein zu
diesem Schritte waren weder der Kaiser, weder der
Pabst zu bringen; wenigstens ist mir das Resultat
dieser Negotiationen unbekannt. Wahrscheinlich
waren die Unruhen des Kriegs, in welche Teutschland verwickelt war, und welche den kaiserlichen
und päbstlichen Hof mit ganz andern Planen und
Aussichten beschäftigten, der Grund des Stillschwei-
gens, das man in der Geschichte von ihrer Seite
bemerket. Die Stifter also, in welchen das
Doctorat durch einzelne Statute, Observanzen und
Privilegien bereits ausgeschlossen war, mußten sich
also bey denselben beruhigen; und konnten es um
so eher, da sie ohnehin bey dem gemachten Plane
kein anderes Interesse hatten, als das Interesse des
Ganzen, und für sich durch ihre eigene Verfassung
hinlänglich gedeckt waren. — In andern Stiftern
aber, wo zum Theile noch Statute zum Vortheile

(ll) Conf. Kreidemann Seb. vom J. 1640 von adelichen Stiftern, Verzichten u. d. g. In Burgermei-
steri bibliotheca equestri p. 629. seq.

des Doctorats bestanden, blieb es beym Alten. Eine
Neuerung war schlechterdings unthunlich, so lange
noch Doctores in den Capiteln waren, welche auch
ein Wort bey Abfassung der Statute mitzusprechen
hatten.

Dritte Abtheilung.
Von dem Westphälischen Frieden bis auf die neuesten Zeiten.

Erstes Kapitel.
Ueber den §. 17. Art. V. des Osnabrückischen Friedensschlusses.

In dieser Gährung fanden die Verfasser des Osnabrückischen Friedensschlusses das wichtigste Recht des teutschen Adels. Der Handel, den die Burgmannen von Schencking mit dem Domcapitel zu Münster hatten, war noch nicht zu Ende gediehen. Von beyden Seiten wurden alle Triebfedern des Rechts und der Politik in Bewegung gesetzt, von beyden Seiten wurde um Protectionen gebuhlt und gehandelt, das ganze ehrsame Patriciat war im Aufstande, so wie der ganze Adel; beyde stritten für ihre theuersten Rechte, beyde wollten den Sieg, es koste auch, was es wolle, beyde wollten den Sieg mit Aufbietung all ihrer Kräfte erringen. Die Bewegungen der evangelischen Grafen und Herren, aus der Mitte des vorigen Jahrhunderts

waren noch im frischen Andenken, der Geist, der
ihre Bemühungen beseelte, und sie antrieb, mit
vereinigter Stimme und Kraft ihr Interesse an dem
kaiserlichen Hofe zubetreiben, wehte noch lebhaft
unter den acht- und sechzehnahnichten Protestanten;
kaum waren es einige Jahre, daß der Adel den
ungeheuren Plan entwarf, sich alle Hoch- und Erz-
stifter Teutschlands ausschließend zuzueignen, daß
er es wagte, im Angesichte des ganzen Reichs mit
diesem Plane aufzutretten, daß er alles aufbot, den
kaiserlichen Hof in sein Interesse zu ziehen.

Alle diese Handlungen waren theils zu neu
theils zu wichtig, als daß sie der Aufmerksamkeit
der Paciscenten zu Osnabrück, welchen die Unab-
hängigkeit einiger elenden Reichsdörfer in Franken
kein zu niedriges und unwürdiges Thema war,
hätten entgehen sollen. Und hätten sie auch einen
der wichtigsten Puncte, welcher das Doctorat und
Patriciat aus den Hoch- und Erzstiftern Teutschlands auf ewig verdrängen, oder ihn auf ewig in
denselben erhalten sollte, unberührt, oder unentschieden lassen sollen? Dies war wohl nicht zu
erwarten, zumal da das persönliche Interesse, oder
wenigstens das Interesse, das jeder an der Wohlfahrt des Standes nimmt, von dem er ein Mitglied
ist, bey den meisten Herren auf dem Congresse zu

Osnabrück so augenscheinlich ins Spiel kam. Je
nun: was zu erwarten war, das geschah. Der
siebenzehnte §. des fünften Artikels sollte den wichtigen Punct entscheiden: die Friedensstifter drücken
sich so aus:

„*Opera detur, ne nobiles patricii, gradibus*
„*academicis insigniti, aliæque personæ idoneæ,*
„*ubi id fundationibus non adversatur, (capi-*
„*tulis) excludantur, sed ut potius in iis con-*
„*serventur.*“

Triumph genug für das Doctorat und edle Patriciat der Städte: denn siehe, die weisen Männer zu
Osnabrück verwarfen das ungeheure Project des
Adels, den graduirten Unadel, samt dem Patriciat
aus den Capiteln zu verbannen, in welchen er bis
itzt noch, vermöge der Statute oder der Gewohnheit,
geschützt war, und gaben ihm in den Stiftern, in
welchen er noch existirte, eine ewigwährende Existenz. Es war eine bekannte Sache, daß bereits
mehrere Capitel zum Theile seit Jahrhunderten
schon dem Unadel allein den Zutritt in ihr Mittel
vergönnten, und vielleicht nur im äussersten Falle
aus Furcht, oder Ergebenheit für den päbstlichen
Stuhl einen Mann aus dem Unadel dulteten, ohne
jedoch hiedurch die Rechtskraft ihrer Statute, oder
ihrer uralten Observanz aufzugeben. Es war eine

bekannte Sache, daß mehrere Capitel bereits durch päbstliche und kaiserliche Privilegien dem Unadel allein auf ewig zugesichert waren. Aber solche Capitel hatten auch die versammelten Männer zu Osnabrück nicht im Sinne. Nur dem allgemeinen Streben des Adels um den alleinigen Besitz hoher Erz- und Domcapitel wollten sie entgegen arbeiten, und dem endlichen Vertilgen des Doctorats und Patriciats aus denselben durch diese feyerliche Sanction einen festen Damm entgegen setzen.

Aber wie? Allein in solchen Capiteln sollte das Doctorat und Patriciat seines Besitzes versichert seyn, in welchen es noch zur Zeit des Friedens war? Sollten nicht die Doctoren und Patricier vielmehr in allen Erz- und Domstiftern durch diese Sanction zu Präbenden fähig gemacht, und nur da hievon eine Ausnahme gestattet worden seyn, wenn die hohen Erz- und Domstifter für den Uradel allein erweislich gestiftet worden wären? Eine alte, wenn gleich nie angenommene, noch allgemein vertheidigte Eregese des Westphälischen Friedens — Eine alte Eregese, welche bereits der hochgelahrte **Samuel Stryk**, oder wenn man will, Herr **Mathias Daniel Laureus** annahm (a). Eine alte

_____

(a) In differtat. de jure papali princ. evangel. C. V. §. 6.

Exegese, auf welche schon mancher Rechtsgelehrte verfiel, mancher Rechtsgelehrte, der nicht ohne Ruhm seine literarische Rolle gespielt hat. Ich will hier unter mehrern einen Friedrich Nitzche (b), Heinrich Cocceji (c), Melchior von Ludolf (d,) und Georg Heinrich Ayrer (e) nennen. Aber diese Männer ließen es bey einigen Sätzen bewenden. H. Hofrath Spittler zu Göttingen suchte die alte Exegese wieder vor, und vertheidigte sie mit einem Scharfsinne, mit einer Beredsamkeit, welche auch den bereits gegen diese Exegese eingenommenen Leser dahin reißen, und ihm bey der ersten Lecture den Beyfall abnöthigen (f). Solche Gründe verdienen geprüft, und, wenn es möglich ist, widerlegt zu werden. Zwar prüfte sie bereits ein scharfsinniger Rechtsgelehrter, — er nennte sich nicht; doch müßte ich sehr irren, wenn

---

(b) Comment. ad Art. XLIII. Capitul. Josephinæ p. 729.

(c) De Lege morganaticæ Sect. III. §. 7.

(d) De jure fœminarum illustrium.

(e) Commentatio juris ecclesiastici publici jus primariarum precum, quam late patet &c. Gottingæ 1740. p. 194 und mehrere Andre.

(f) Gött. histor. Magazin von E. Meiners und E. Th. Spittler B. II. Stück III. In einigen der folgenden Stücke wurden noch einige Zusätze und Berichtigungen geliefert.

es nicht der gelehrte Herr geistliche Rath Kohlborn
zu Maynz wäre (g). Doch an dieser literarischen
Nachricht mag uns hier wenig liegen. Mir scheint
indeß der Widerleger noch Feld genug zum Streite
übrig gelassen zu haben, und so schien es auch dem
scharfsinnigen Spittler. Die Gesetze des Streits
liegen in der Natur der Sache, und, so wie sie in
der Natur der Sache liegen, zeichnete sie Spittler
vor. Sein Gegner soll nur mit exegetischen Gründen auftreten, so wie auch er nur exegetische Gründe
vorlegte. Ob Observanz den Uradel begünstigte,
das läßt er dahin gestellt seyn; Nur meynt er,
exegetische Gründe verwärfen überall den ausschlies-
senden Besitz des Uradels, es wäre denn Sache,
daß die hohen Erz- und Domcapitel für den Uradel
allein gestiftet worden seyen.

Allein diesen Sinn finde ich in der angeführten
Stelle des Osnabrückischen Friedens nicht. Meine
Meynung will ich zuerst vortragen, alsdann es
versuchen, Spittlers Gründe zu widerlegen. Ich
glaube, der Sinn der in Frage stehenden Stelle ist
folgender.

(g) H. H. Spittler schickte dem H. G. R. einen Auf-
    satz in Manuscript zu. — Seine Widerlegung steht
    im oben angezeigten Stücke.

. In allen hohen Erz- und Domcapiteln, wo noch Statute oder Gewohnheiten zum Vortheile des Patriciatadels, des Doctorats oder andrer quali- ficirter Personen bestehen, sollen der Patriciatadel, das Doctorat und andre qualificirte Personen durch gegenseitige Statute, oder Gewohnheiten nicht aus- geschlossen, sondern vielmehr in denselben erhalten werden, es wäre denn Sache, daß ursprüngliche Stiftungen, die hohen Erz- und Domcapitel, zu Einführung gegenseitiger Statute, oder Gewohn- heiten berechtigen sollten.

Aus dieser Paraphrase ergiebt sich, daß meiner Meynung nach

1) Die Paciscenten zu Osnabrück nicht alle Erz- und Domcapitel, sondern nur solche zum Vorwurfe ihrer Entscheidung nahmen, in welchen bereits noch Statute oder Gewohheiten zum Vortheile des Doctorats, des Patriciatadels, oder andrer quali- ficirten Personen bestanden.

2) Daß sie in solchen Erz- und Domcapiteln das fernere Vertilgen des Patriciats, des Docto- rats, und andrer qualificirten Personen durch Er- richtung gegenseitiger Statute und Gewohnheiten auf ewig verhindern wollten.

3) Daß sie nur in einem solchen Falle nachge- ben, die Errichtung gegenseitiger Statute und Ein-

führung gegenseitiger Gewohnheiten gestatten
wollten, wenn die hohen Erz = und Domcapitel
ursprünglich für den Adel gestiftet wären; daß sie
also

4) die bereits zur Ausschließung des Doctorats,
des Patriciats oder andrer qualificirter Personen, in
andern Erz = und Domstiftern gemachten Statute
und eingeführten Gewohnheiten ungekränkt in
ihrem Werthe belassen wollten.

Meine Erklärung muß die richtige seyn, wenn
sie mit der damaligen Geschichte der hohen Erz=
und Domstifter, mit dem Wortverstande des West=
phälischen Friedens, mit den Friedensverhandlungen,
endlich mit andern Parallelstellen, des Friedens über=
einstimmt. Diese Uebereinstimmung darzulegen, ist
mein Thema.

Jeder Exeget einer Stelle in einem Vertrage
oder Friedensschlusse, bey welchem die Frage von
Rechten und Verbindlichkeiten vorkömmt, darf die
in der Natur der Sache gegründete Regel zum
Grunde seiner Exegese legen, daß die Paciscenten
nicht ohne den Fall der äußersten Nothwendigkeit
Jemanden ein wohlerworbenes Recht entziehen woll=
ten; ein wohlerworbenes Recht, das der höchsten
Gewalt bey einem Friedensschlusse eben so heilig
und unverletzbar seyn muß, als bey der Regierung

des Staates, wo es etwa nicht auf Verträge, sondern auf positive Willenserklärung der höchsten Gewalt ankömmt. Folglich darf ich vermuthen, daß
die hohen Herrn Paciscenten zu Osnabrück bey Abfassung der in Frage stehenden Stelle irgend einem
hohen Erz- oder Domcapitel, nicht ohne Noth ein
wohlerworbenes Recht entziehen wollten. Ich darf
es vermuthen: denn wer sollte sich Arges bey einer
unschuldigen Vermuthung gedenken? Nun hatte
aber der Adel in mehrern Erz- und Hochstiftern
Teutschlands ein wohlerworbenes Recht auf den
ausschließenden Besitz der Präbenden, oder was
eben soviel ist, mehrere hohe Erz- und Domcapitel
hatten ein Recht, den Unadel auszuschließen; ein
Recht, das durch Statute und verjährte Gewohnheit zuerst eingeführt, durch kaiserliche und päbstliche Privilegien bestättigt, ja selbst von einem Con-
cilium anerkannt wurde, das für den catholischen
Religionstheil alles war. (II. Abth. II. Kap.)
Dieser Vermuthung erlaube man mir noch eine andre hinzuzusetzen. Die hohen Herrn Paciscenten
zu Osnabrück beschäftigten sich damals, als sie
diese Stelle entwarfen, mit Hebung der Beschwerden, und selbst in dieser Stelle wollten sie eine derselben beseitigen. Bringt man aber bey einem
Friedensconvente, auf welchem Beschwerden geprüft

und erledigt werden sollen, nicht gerade solche zur
Sprache, welche zur Zeit der Unruhen, oder wenn
man will, auch vor denselben gemacht worden? Wo
beschwerte sich aber je ein Doctor, oder ein andrer
Mann aus dem Unadel, daß man ihn aus einem
Capitel schließen wolle, das längst für den Uradel
allein offen war? Wer hätte es gewagt, die päbstliche Bulle anzufechten, welche dem Adel allein
das Capitel zu Osnabrück einräumte, oder wer
wollte sich eindringen in Trier oder Maynz, in
Bamberg oder Wirzburg? Wohl aber führte man
Beschwerden, daß sich das Domcapitel zu Münster
weigere, die Herrn von Schencking, ein edles
Geschlecht der Patricier aufzunehmen; wohl fürchtete
man, alle übrigen Capitel Teutschlands möchten
dem Beyspiele des Capitels zu Münster folgen,
und das Patriciat auf ewig von ihrem Mittel ausschließen, das doch nicht minder seine Ahnen zu beweisen im Stande sey, als der Adel. Wohl führte
man Beschwerden über das gemeinsame Streben
des ganzen Adels, das Doctorat und andre fähige
Personen aus allen Capiteln Teutschlands zu verbannen, ihn zu verbannen, auch aus solchen Capiteln,
in welchen er noch eine statuten- und observanzmäßige
Existenz hatte. Dies waren die Beschwerden; diese

Beschwerden waren neu, und konnten den versammelten Herren zu Osnabrück bekannt werden. Wenn man
also vermuthen darf, daß Männer, welche Beschwerden erledigen sollen, nur auf wirklich gemachte,
wirklich gegründete Beschwerden Rücksicht nehmen,
so darf ich auch vermuthen, daß die hohen Pacifcenten zu Osnabrück nicht alle Capitel Teutschlands,
sondern nur jene vor Augen hatten, aus welchen
man das durch Statute und Observanz rechtmäßig
geschützte Doctorat durch gegenseitige Statute auf
ewig verweisen wollte. Um deßwillen scheinen Sie
das Patriciat, den graduirten und nicht graduirten
Unadel in Schutz zu nehmen. — Indem sie auf
solche Art das Patriciat, und Doctorat gegen die
neuesten Versuche des Adels in Sicherheit gesetzt
hatten, war alles gethan, was man nur erwarten
konnte; Warum sollten sie mehr thun, als selbst
die überspannteste Hoffnung des Unadels sich schmei-
cheln könnte? Warum sollten sie zu eben der
Zeit, da sie die Unmacht gegen den mächtigen
Adel beschützen wollten, dem Adel Gelegenheit zu
neuen Beschwerden geben? — Kurz, wenn man
die Geschichte der damaligen Zeiten mit der in Frage
stehenden Stelle des Westphälischen Friedens ver-
gleicht, so erwächst, um es recht gelinde auszu-

drücken, eine Vermuthung, daß die hohen Pacisceu-
ten bey Abfassung dieser Stelle nur einige, nicht alle
Erz-und Domcapitel Teutschlands im Sinne hatten.

Aber wozu Vermuthungen, wenn die Stelle des
Gesetzes klar ist, wenn man nur der einfachsten Re-
geln einer gesunden Exegese bedarf, um den Sinn
der Paciscenten zu Osnabrück unwidersprechlich dahin zu erklären, daß nirgendwo der Adel allein den
ausschließenden Besitz der Erz- und Domprübenden
behalten, sondern auch die Patricier, die graduirten
und nicht graduirten; jedoch sonst zu Domherrnstellen geeigenschafteten Personen, ihre alten, verlor-
nen Rechte wieder erhalten, und nicht minder in
die Erz- und hohe Domcapitel aufgenommen werden
sollten: — So wird ohne Zweifel dieser unschuldigen Vermuthung Herr Hofrath Spittler be-
gegnen. Allein wer soll es dem Exegeten verübeln,
wenn er die Lage schildert, in welcher die Paciscenten den strittigen Punct fanden, zu dessen Entscheidung sie berufen waren? Wer soll es ihm verübeln,
wenn er aus dieser Lage schon einige Schlüsse zu
ziehen wagt, dabey aber so bescheiden ist, sie nur
für das auszugeben, was sie wirklich sind, für nichts
als baare Vermuthungen? Doch ich will sie verlassen diese Vermuthungen, und es versuchen zu

zeigen, in wieferne die Stelle des Friedens felbft
mit meiner Meynung übereinftimmt.

Sollte der Wortverftand der in Frage begriffe:
nen Stelle meine Exegefe nicht.rechtfertigen? Ueber:
all will ich bey dem eigenthümlichen Verftande der
Worte ftehen bleiben, deren fich die Pacifcenten
bedienten; man foll es mir nicht vorwerfen, daß
ich dem Worte Fundation eine willführliche Deu:
tung gebe, und dem Begriffe derfelben auch die
Begriffe von Gewohnheit und Statuten, gegen allen
Sprachgebrauch, unterfchiebe: Fundation fey „erfte
„Beftimmung der Güter, wie fie bey Schenkung
„oder Uebergabe derfelben feftgefetzt worden feyn
„mag; Beftimmung des Genuffes der Güter, wie
„er vielleicht nach großen, neufchaffenden Revolu:
„tionen, wenn nun gleichfam neu fundirt wurde,
„unter höchfter Oberauficht der geiftlichen und welt:
„lichen Macht, aufs neue feftgefetzt wurde (h).“
Und dennoch fcheint mir der Wortverftand der Stelle
nur dahin gedeutet werden zu können, daß die edeln
Gefchlechter der Städte, der graduirte Stand, und
andre tüchtige Männer, wo fie noch eine obfervanz:
und ftatutenmäßige Exiftenz hätten, nicht ausge:

(h) **Spittler** l. c. S. 449.

schloffen, sondern vielmehr in denselben erhalten
werden sollten, ausgenommen; wenn ihre gleich
observanz- und statutenmäßige Existenz den Fun=
dationen entgegen wäre. Die Pariscenten gebrauch=
ten zuerst das Wort Nichtausschließen. Ich
glaube mich kühn auf den Sprachgebrauch berufen
zu dürfen, wenn ich Nichtausschließen auf fol=
gende Art umschreibe; — Nichtausschließen heißt
Jemanden da lassen, wo er ist. Der Begriff des
Nichtausschließens ist also im Grunde aus meh=
rern Begriffen zusammengesetzt. Man muß sich
vorerst einen Ort gedenken, zweytens ein vorher=
gängiges Existiren in diesem Orte, um sagen zu
können, dieser, oder jener soll nicht ausgeschloffen
werden. Man wird mir vielleicht zugeben, daß
diese beyden Begriffe in dem angeführten Ausdrucke
liegen, aber hieraus eine Folge ziehen, welche
meiner Behauptung nichts weniger, als günstig
ist. Man wird mir die Geschichte vorhalten, um
mich zu belehren, daß fast in allen Capiteln Teutsch=
lands Doctoren, in Vielen Patricier, und in Allen
Männer, welche zwar weder Doctorat, noch Adel,
übrigens aber Verdienste genug hatten, um mit
Würde eine Domherrnstelle zu begleiten, gewesen
seyen, und eben darum wolle der Friede sie nicht
ausgeschloffen aus den Capiteln wissen, in welchen

sie vorher eine statuten = und observanzmäßige
Existenz hatten. Allein da offenbar das Patriciat,
das Doctorat, und andre tüchtige Personen zur Zeit
des Westphälischen Friedens aus sehr vielen Stif=
tern bereits rechtmäßiger Weise ausgeschlossen waren,
so hätten die Paciscenten nicht in gegenwärtiger
Zeit reden können, „sie sollen nicht ausgeschlossen
„werden.“ Nimmt man den natürlichen Sinn
dieser Worte, so hat er eine Beziehung auf noch
bestehende, wirkliche Existenz der Doctoren, der
Patricier und andrer tüchtigen Personen in den
Capiteln hoher Erz= und Domstifter: denn wenn
ihnen verboten wird, dieselbe auszuschließen, so
mußten doch welche vorhanden gewesen seyn, welche
nicht ausgeschlossen werden sollten. Hätte der Friede
alle Capitel vor Augen gehabt, so hätte er sogar
das Wort Ausschließen nicht gebraucht, sondern
vielmehr das Wort Aufnehmen sich wählen müssen;
da es, aufs gelindeste gesprochen, höchst uneigent=
lich gewesen wäre, den Capiteln zu befehlen, die
Patricier u. d. g. nicht auszuschließen, welche sie
doch bereits ausgeschlossen hatten: Vielmehr scheint
der Friede dem bereits Mode gewordenen Hange der
Capitel, durch gegenseitige Statute, die zum Vor=
theile der Patricier u. d. g. bestehenden Statute
und Observanz aufzuheben, hiemit eine Gränze

ſeßen zu wollen, „ſie ſollen nicht ausgeſchloſſen
„werden," d. h. „die hohen Erz = und Domcapitel:
„ſollen nicht mehr befugt ſeyn, Statute gegen
„das Patriciat oder das Doctorat u. d. g. zu ma=
„chen, und auf ſolche Art daſſelbe auszuſchließen.
„Der Friede hätte ſonſt das Wort Aufnehmen ſich
„wählen müſſen: das Wort Aufnehmen?" Wohl
freylich deutlicher, iſt deutlicher, könnte mir mein
ſcharfſinniger Gegner einwenden. Allein die Pa=
ciſcenten zu Osnabrück, um noch emphatiſcher und
deutlicher ihre Geſinnungen an Tag zu legen und
zu zeigen, daß ſie bey dem Verbote, das Doctorat
u. d. g. aus den Capiteln auszuſchließen, nicht alle
Capitel vor Augen hatten, ſondern nur diejenigen,
in welchen daſſelbe ſammt dem Patriciat, und andern
tüchtigen Perſonen noch eine ſtatuten= und obſer=
vanzmäßige Exiſtenz hatte, ſagen ſie nicht allein, ſie
ſollen nicht ausgeſchloſſen werden, ſondern ſeßen
hinzu, vielmehr in denſelben erhalten werden.
Der Begriff der Erhaltung ſchließt wieder zwey
Begriffe in ſich, wirkliche Exiſtenz, und Fortdauer
derſelben. Wo keine Doctoren, keine Patricier,
oder andre tüchtige Perſonen mehr in den Capiteln
vorhanden waren, ließ ſich auch keine Fortdauer
dieſer Exiſtenz gedenken. Wenn die Doctoren u. d. g.
in den Capiteln erhalten werden ſollten, mußten ſie

doch da gewesen seyn. — Sie mußten da gewesen
seyn, zu einer Zeit, da die Paciscenten zu Osnabrück ihre Erhaltung beliebten; war es doch eine
allgemein bekannte Sache, daß in sehr vielen Stiftern Teutschlands der Patriciat- und Doctorsadel
schon seit geraumer Zeit durch Observanz und Capitelschlüsse verdrängt waren. Hätten also die Paciscenten zu Osnabrück, indem sie auf Erhaltung desselben
drangen, alle Capitel Teutschlandes gemeynt, so
müßte ich voraussetzen, daß diese allbekannte Sache
denselben unbekannt gewesen sey. Diese Voraussetzung aber wird jeder misbilligen, welcher die
individuelle Kenntniß zu schätzen weiß, welche die
Paciscenten oft von einem unbedeutenden Winkel
Teutschlands gezeigt haben. Da also der Exeget
so lange bey dem Wortverstande eines Vertrags,
oder Friedensschlusses stehen zu bleiben befugt ist,
als aus dem bloßen Wortverstande sich kein offenbarer Widerspruch ergiebt, so kann ich das Gebot
der Paciscenten: daß das Doctorat, der Patricier-
adel, und andre tüchtige Personen in den Capiteln
erhalten werden sollten, nur auf solche Capitel deuten, in welchen noch zur Zeit des Westphälischen
Friedens Collegialschlüsse, oder Observanz zu ihrem
Vortheile bestanden.

Ich kann es nicht anders deuten, auch wenn ich
die Ausnahme, *ubi id fundationibus non adversatur*, auf gleiche Weise in dem natürlichsten Wortverstande nehme. In den Capiteln, wo Patricier, Doctoren u. d. g. Statuten und Observanz auf ihrer Seite
hatten, sollen keine gegenseitige Statute gemacht,
keine gegenseitige Observanz eingeführt werden, in
den Capiteln, wo es den Fundationen nicht entgegen
wäre. Was war hiemit wohl anders gesagt, als,
wenn gleich Statute, oder Observanz die Patricier
und Doctoren begünstigten, so sollten dennoch die
Capitel befugt seyn, gegenseitige Statute zu machen,
eine gegenseitige Observanz einzuführen, wenn die
erste Bestimmung der Güter, oder der hinzugekommenen Präbenden den Uradel allein zum ausschließenden Besitze berechtigen würde. Wäre diese Ausnahme aus der tiefsten gesetzgeberischen Weisheit
geflossen, so könnte sie nicht besser an ihrem Orte
seyn. Gesetzgeberische Weisheit schont die Meynungen des Volkes, so wie der einzelnen Stände, ohne
ihrem Eigensinne zu viel nachzugeben; sie arbeitet
ihnen entgegen, vernichtet ihre Folgen, und macht
sie unschädlich, indeß das Volk, indeß die einzelnen
Stände des Volkes wähnen, der Gesetzgeber habe
diese Meynungen respectirt, und sie zum Grunde
seiner Entscheidung genommen. Dieser Geist ist

fichtbar in dieser Stelle des Osnabrückischen Friedens,
ist sichtbar in dieser Ausnahme. War doch das
Mährchen von der ursprünglichen Stiftung der
Domcapitel für den Adel schon lange gäng und
gebe geworden; Ward es doch eben so warm von
Privatschriftstellern, als in Staatsschriften verthei=
digt. Wie decretorisch berufen sich die protestan=
tischen Grafen und Herrn auf die ursprüngliche
Bestimmung der Capitelischen Güter, und wie unbe=
fangen schildern sie die Erz = und Domcapitel wie
Seminarien des Adels, in welchen man einen Theil
feiner Söhne versorgen könnte? Kaum waren einige
Jahre verflossen, so erschien der gesammte Adel
gleichfalls mit einem Plane zur gänzlichen Aus=
schließung des Unadels im Angesichte des Reichs,
dessen Vordersatz wieder ursprüngliche Bestimmung
der Capitelischen Güter für den Adel war. Wohl
mochten es die Paciscenten zu Osnabrück eingesehen
haben, daß es mit den ersten Fundationen und mit
der Frage, ob sie für den Adel allein errichtet wären,
nicht so richtig stünde, als sich der Adel schmeichelte.
Wenigstens mußten sie voraussehen, daß vielleicht
kein einziges Stift, in welchem noch Adel und Un=
adel wäre, so leicht mit einem Beweise der ursprüng=
lichen Fundation für den Adel allein aufkommen
würde. Allein es war doch gemeine Sage, es

war Meynung des gesammten Adels und Meynung
frommer und gelehrter Schriftsteller. Würden also
die Paciscenten den Erz= und Domcapiteln, in wel=
chen sich noch Patricier, Doctoren u. d. g. befunden
hatten, so gerade zu das Recht entzogen haben, durch
künftige Schlüsse oder Observanz dem Adel allein
ein Platzrecht zu ertheilen, so hätte es das Ansehn
gewonnen, als setzten sie sich über alle Fundationen
hinweg, und wollten dem Adel recht geflissener Weise
die heiligsten und ehrwürdigsten Rechte entziehen.
Diese Hintansetzung aller Delicatesse darf man den
Paciscenten zu Osnabrück nicht zutrauen. Auch
diejenigen Capitel, welche zum Vortheile der Pa=
tricier, Doctoren oder anderer tüchtigen Personen
Schlüsse gemacht hatten, oder in welchen dieselben
durch Observanz geschützt waren, sollten für die
Zukunft, gegenseitige Schlüsse zu machen, und eine
gegenseitige Observanz einzuführen berechtiget seyn,
falls sie erweisen könnten, daß sie nur für den Uradel
gestiftet wären. Auf diese Art erreichten die Pacis=
centen zu Osnabrück so unvermerkt ihren Zweck,
und retteten die Rechte des Adels, oder ließen viel=
mehr den Wahn desselben ungekränkt, als wären
alle Erz= und Domcapitel für den Uradel allein
gestiftet.

Allein es drängen sich gegen diese Deutung eine
Menge Einwürfe. Ich will es versuchen, dieselbe
zu heben. Der Westphälische Friede soll nun ein=
mal durchaus nicht die künftigen Besitzrechte aus
dem damaligen Besitze fixirt haben; — denn, wie
hätten die Paciscenten, sie, die sonst gerade, wehn
sie einen Normalbesitz fixiren wollten, Jahr und
Tag chronologisch genau angaben, hier so höchst
unbestimmt schreiben können (i)? Allein, mich dünkt,
die Paciscenten schrieben nicht so unbestimmt, als
es scheint. Wo noch Statute oder Observanz zum
Vortheile des Patriciats oder Unadels bestanden,
da sollten keine gegenseitige Statute gemacht, keine
gegenseitige Observanz eingeführt werden. Aber
wie sollte man rechnen? Sollte man vom Jahre
1647, da dieser Artikel berichtiget worden, oder
vom Jahre 1648, da endlich der volle Friede zu
Stande kam, das neue Regulativ anrechnen; —
Soll es die erstere oder letztere Hälfte dieser Jahre,
sollen es Monate des geschlossenen Artikels, des
geschlossenen Friedens seyn, oder vielleicht genau der
Tag auch? — All' diese Fragen sind unnöthig.
Wenn der Friede, nicht das Jahr oder den Tag
festsetzet, nach welchem die Gültigkeit oder Ungül=

(i) S p. l. c. S. 439.

tigkeit eines Besitzes beurtheilt werden soll, so ist
es das Jahr, so ist es der Tag, an welchem man
sagen konnte, der Friede ist nach allen seinen Arti-
keln, von allen seinen Interessenten beliebt, oder
feyerlich genehmiget worden. Ueber das Jahr
und den Tag also konnten, wie mich dünkt, keine
Streitigkeiten entstehen: Und wie hätten sie auch
entstehen sollen? Nach dem, was ich in dem vorigen
Capitel gezeigt habe, kann ich dreust behaupten,
daß kein einziges Capitel Teutschlands so kurze Zeit
vor dem Westphälischen Frieden erst Statute gegen
das Patriciat, Doctorat, oder andre tüchtige Personen gemacht habe? Die Doctoren besonders,
welche noch in verschiedenen Capiteln in ziemlicher
Anzahl vorhanden waren, und dem Uradel, zumahl
da er gerade in den Stiftern, in welchen sich noch
Doctoren befanden, nicht so gar mächtig war, das
Gleichgewicht halten konnten, hatten Mittel und
Wege genug in Händen, dergleichen Statute zu
verhindern, und die etwa vacanten Stellen mit neuen
Doctoren zu besetzen. Die Unthunlichkeit im Innern
der Capitel, den Unadel auszuschließen, veranlaßte
zwar den gesammten Adel, beym käiserlichen und
päbstlichen Hofe die Ausführung ihres durch eigene
Kräfte unausführbaren Ausschließungsplanes durchzusetzen. Allein der Adel fand kein Gehör, die

Statute blieben, und mit ihnen der Unadel in den Capiteln. Was die Reichsritterschaft in den Jahren 1609 und 1610 gethan, war keine neugewagte Ausschließung des Unadels; sondern ein feyerlicher Vertrag, wodurch sie sich anheischig machten, für einen Mann zu stehen, wenn man den in ihren Cantonen gelegenen Capiteln gegen ihre feyerlichsten Schlüsse, und ehrwürdigsten Gewohnheiten Männer aus dem Unadel aufdringen wollte. Bey dieser Lage der Sachen war also selbst bey einer völligen Unbestimmtheit eines Normaljahrs, oder Normaltages keine Streitigkeit zu befürchten.

Aber, wenn jene Erhaltung in den Capiteln nur Fixirung künftiger Besitzrechte aus dem damaligen Besitze seyn soll, wie konnte nebst dem Patriciatadel, und dem Doctorat auch für andre tüchtige Personen gesorgt werden? „Wo war damals „ein Mann in irgend einem teutschen Domcapitel, der ohne Adel, ohne Patriciat und ohne „ein Facultätendiplom zu haben, doch Domherr „gewesen wäre (k)?" Allein, wie kann man erweisen, daß damals in keinem teutschen Domcapitel ein solcher Mann gewesen sey? Erhielt doch Johann Todeschinus mitten im drey=

––––––––––––––

(k) l. c. S. 439—440.

sigjährigen Kriege eine päbstliche Provision auf
ein Canonicat, die Dechaney der Cathedralkirche
zu Trient, und eine Pension von 100 Ducaten,
ein Mann, dem die Geschichte weder den Adel bey:
legt, noch das Doctorat (1)? Ob der Mann die
Dechantsstelle, oder die hundert Ducaten Pension
erhielt, weiß ich nicht, denn das Capitel setzte sich
dagegen, und wurde von dem Reichshofrathe unter:
stützt; indessen ist dies doch ein Beweis, daß man
noch kurz vor dem Westphälischen Frieden Ver:
suche machte, auch Männer in die Domcapitel zu
bringen, die weder Adel noch Doctorat hatten. Aber
noch 1648. war in dem Domcapitel zu Costanz ein
hochgelehrter Auditor der heiligen Rota, mit Namen
Prutinger oder Leonhard Pappus (m).
Kein D und kein Von, Buchstaben, welche man
in diesen Zeiten nie vergaß, wenn man ein Recht
auf dieselben hatte, zierte seinen Namen, als ihn
das Domcapitel bey dem Reichshofrathe wegen einer
Prätension auf Früchte verklagte, welche er nicht
durch persönliche Residenz verdient hatte. Und doch
wollte das Capitel dem ehrsamen Leonhard Pap:
pus seinen Titel geben: Es nennte ihn auditor

(1) Moser Abhandlung verschiedener Rechtsmaterien,
Stück XV. S. 569 — 572.
(m) Moser l. c. p. 564.

rotæ. Ob nicht in andern Capiteln noch Männer
ohne Adel und Facultätendiplomen waren, Männer,
die auch ohne Adel und Facultätendiplomen nicht
weniger ihrer Aemter und ihrer Gelehrsamkeit wegen
verdienten, in den Capiteln zu seyn, weiß ich nicht.
Indessen waren gleich dieser tüchtigen Männer nicht
so viele in den Capiteln zur Zeit des Westphälischen
Friedens, als etwa Doctoren, so muß man bedenken, daß es ausser den Doctoren nicht sogar viel
tüchtige Männer mochte gegeben haben, zumahl da es
eine sehr leichte Sache um die Erhaltung des Doc-
torsdiploms geworden war. Genug, daß sich bis
zur Zeit des Westphälischen Friedens in einigen
Stiftern noch Statute oder Gewohnheiten erhalten
haben mochten, vermöge welcher nebst dem Adel
und Doctorat auch andre tüchtige Männer aufgenommen werden konnten. Mir sind von Trident,
von Brixen, von Chur und Freisingen keine vor
dem Westphälischen Frieden gemachte Statute bekannt, wodurch sie, wie viele andere Stifter, dem
Adel und Doctorat allein das Platzrecht in ihren
Capiteln versichert hätten; — Sollten in diesen
Capiteln zur Zeit des Westphälischen Friedens nicht
Männer gewesen seyn, die weder Adel noch ein
Facultätendiplom hatten? und waren gleich keine
in denselben, sprachen die Paciscenten, nicht conse-

quent, wenn sie verlangten, daß in Capiteln, wo
nebst dem Adel und den Doctoren noch andere tüch=
tige Männer vermöge der Statute oder einer alten
Observanz aufgenommen werden könnten, zur Aus=
schließung dieser tüchtigen Männer keine gegenseitige
Observanz eingeführt werden sollte? Wohl sprachen
Sie consequent: und irrt der europäische Herold
nicht, so können noch bis auf den heutigen Tag,
in Freißigen und Chur nebst dem Adel, und den
Doctoren auch sonst gelehrte Männer bürgerlichen
Standes aufgenommen werden (n). Wer aber die
aliæ personæ qualificatæ waren? Wer anders,
als etwa geistliche Räthe, verdiente Seelsorger,
vielleicht gar Cardinäle, und Bischöffe in partibus,
und — was der ehrsame Leonhard Pappus
war, Auditoren der heiligen Rota. Ob aber unter
dieser so allgemein gefaßten Classe nicht auch natürliche
Söhne großer Herren verstanden wurden, wie Herr
Spittler vermuthet? Es mag seyn: Freylich
hatten die meisten Capitel Statute gegen die unehz=
lichen Kinder gemacht, Statute, welche ungemein
mit dem Geiste der ganzen teutschen Verfassung,
und dem allgemeinen Haße gegen die sogenannten
Bastarde harmonirten. Die römischen Päbste be=

_____

(n) T. I. S. 361 bis 379.

günſtigten dieſelbe, ſoviel möglich und wollten nicht,
daß das Anſehen der Domkirchen durch Leute befleckt
würde, die aus ſchändlichen Verbindungen erzeugt
wären.   Die Statuten des Domcapitels zu Worms
ſind namentlich, und dazu mit vieler Emphaſe ſogar
gegen die natürlichen Kinder der Kaiſer und Fürſten
gerichtet.   Allein es iſt doch nicht zu läugnen, daß
Georg, der natürliche Sohn Maximilian I.
Biſchof zu Brixen war (o); und daß Franz
Wilhelm, Graf von Wartenberg ein natürlicher
Sohn des Herzogen Ferdinand von Bayern eine
Domherrnstelle zu Regensburg und Freiſingen be-
gleitete, ja ſogar im Jahre 1625 Biſchof zu Osnabrück wurde (p).   Waren alſo in einem oder dem
andern Capitel die natürlichen Söhne großer Herrn
nicht durch Statute ausgeſchloſſen, ſondern waren
vielmehr Obſervanz und Gewohnheiten für ihre
rechtmäßige Domherrnexiſtenz entſchieden, ſo zweifle
ich nicht, daß der Weſtphäliſche Friede auch ſie
unter der dritten, ſo allgemein ausgedrückten Claſſe
verſtanden habe. Doch es mag uns ſehr gleich gelten,
wie all' die Arten und Unterarten heißen mögen, welche

(o) I. L. Levin Gebhardi in der hiſtoriſch-genealogiſchen
Erläuterung der Lobmeierſch. Stammtafeln S. 34.

(p) D. Köhler Münzbeluſt. Th. XI. S. 27.

die Paciscenten unter dieser Gattung begreifen woll=
ten. Der Einwurf wenigstens, der gegen meine
Meynung von der behaupteten Abwesenheit solcher
Personen hergenommen war, ist, wie mir scheint,
entkräftet.

Noch wichtiger, als die bereits angeführten
Zweifel, scheint der Einwurf zu seyn, zu welchem
die von den Paciscenten gebrauchte Ausnahme „ubi
„id fundationibus non adversatur," die Veranlas=
sung gab. „War's denn in jenen Zeiten, da sie zu
„Osnabrück Friede schlossen, war's auch nur gedenk=
„bar, war je auch nur ein Fall vorgekommen, daß
„in irgend einem Domcapitel, das auch nur muth=
„maßlich allein für den Uradel gestiftet war, daß
„Patricier und Doctoren Zutritt verlangt hatten?
„Wozu also die feyerliche Ausnahme (q)?" Allein,
daß irgend in einem Domcapitel, das für den
Uradel allein gestiftet war, die Doctoren und Patri.
cier den Zutritt verlangt, oder gar noch Sitz und
Stimme in denselben gehabt hätten, das sollten
und konnten die Paciscenten auch nach meiner Erklä=
rung nicht voraussetzen. Mit der ursprünglichen
Stiftung der Domcapitel für den Adel ist es so
eine eigene Sache. Ich habe mein Glaubens=

_____

(q) Sp. S. 431.

bekenntniß in Rücksicht derselben bereits abgelegt.
Weder die ersten Stiftsgüter, noch die hinzugekommenen einzelnen Pfründen ,wurden der Regel nach
für den Adel allein gestiftet. Ob die Paciscenten zu
Osnabrück diese schwache Seite der Domcapitel so
deutlich einsahen, weiß ich nicht. Vermuthen
aber kann ich es denn doch, daß die hochweisen
Herren Doctoren nicht fremd in diesem Stücke gewesen waren. Und waren sie es nicht, so mußten sie
freylich wissen, daß die Ausnahme, welche sie
hinzusetzen, nicht eben in so gar vielen Fällen die
Regel unanwendbar machen würde. Da sie indessen
den Patriciern, Doctoren und andern tüchtigen
Personen eine ewigwährende Existenz in solchen
Capiteln versichern wollten, wo sie vermöge der
Statute oder einer Gewohnheit noch wirklich vorhanden waren, und nur da eine Ausnahme gestatteten, wo etwa die ursprüngliche Stiftung den Uradel
allein begünstigte, so dachten sie sich hiebey nichts
weniger, als den Fall, daß in Capiteln, welche
für den Uradel allein gestiftet worden wären, noch
wirklich Unadel vorhanden wäre. Alle Capitel
Teutschlands, wie bereits gezeigt worden ist, stellten
den Satz auf, als wären sie allein für den Uradel
gestiftet, und glaubten aus diesem Satze ihr voll-
kommenes Recht erweisen zu können, allen Unadel

auszuſchließen. Dieſer allgemein angenommenen
Meynung wollten die Paciſcenten nicht geradezu
widerſprechen, ſondern den Capiteln eine Quelle
ihrer Rechte offen laſſen, auf welche ſie ſich ſoviel
zu gut thaten: Konnten ſie beweiſen, daß ihre
Fundation nur auf den Uradel allein gieng, ſo
ſollten ſie ohngeachtet der Statute und Gewohnheiten, welche zu Gunſten des Unadels noch wirklich beſtanden, dennoch befugt ſeyn, durch gegen-
ſeitige Statute und Gewohnheiten denſelben auszuſchließen. Sie nahmen alſo keine Rückſicht
darauf, ob etwa noch wirklich Unadel in Capiteln
vorhanden wäre, welche für den Uradel allein
geſtiftet waren, ſondern legten bloß bey dieſer Ausnahme einen Beweis der Delicateſſe zu Tage, mit
welcher ſie die vermeyntlichen Rechte des Adels,
ſollten ſie auch nur auf bloße unerweisbare Meynungen gegründet ſeyn, verwahren wollten.

Aber „wenn ſie bloß weitere Ausſchließung
„hätten verbieten wollen, offenbar hätten ſie ſchreiben müſſen: *non magis, quam hactenus,* oder
*non plures, quam hactenus excludantur, ſed in
iis conſerventur* (r). Sie hätten offenbar ſo ſagen müſſen? Das ſehe ich nun nicht ein, wozu

_____

(r) Sp. S. 442.

das non magis, quam hactenus, wenn das Wort
Erhaltung, dessen sich die Paciscenten bedienten,
schon offenbar einen Bezug auf die Fortdauer eines
gegenwärtigen Zustandes hat. Ich kehre vielmehr
das Argument gegen meinen Gegner. Hätten die
Paciscenten nebenher in Erinnerung bringen wollen, daß es nichts neues und neuhergebrachtes sey,
wenn auch graduirten Personen ein freyer Zutritt
gestattet werde, so hätten sie offenbar schreiben müssen: *non magis, quam olim excludantur, sed potius
in iis conserventur*. So uneigentlich auch hier das
Wort conserventur gestanden wäre, so würde doch
durch den Zusatz, ut olim, der uneigentliche Aus-
druck etwas gemildert, und noch eher auf den ehe-
maligen Zustand aller Capitel zu erklären gewesen
seyn. Und dann, wann auch die Packscenteu den
Zusatz, non magis, quam hactenus beliebt hätten,
so hätten sie halt, wenn ich das höchste zugeben will,
sich etwas deutlicher ausgedrückt, und keinen Pleonasmus der Deutlichkeit zu Liebe begangen. Denn
wer sieht es nicht ein, daß, wenn sie geschrieben
hätten, non magis, quam hactenús excludantur,
der Satz, sed potius in iis conserventur, überflüßig
gewesen wäre.

Aber Herr Spittler bringt noch einen andern
Zusatz in Vorschlag, dessen sich die Paciscenten

hätten bedienen sollen, wenn sie den damaligen
Besitz zur Richtschnur hätten nehmen wollen; sie
hätten schreiben müssen, non plures quam hactenus
excludantur. Allein dieser Zusatz würde offenbar
gegen die Gesinnungen der Paciscenten gelaufen
seyn. Wenn sie den damaligen Zustand der Domcapitel für eine Norm künftiger Rechte annahmen,
so waren sie weit entfernt, die damalige Anzahl der
Patricier, Doctoren und andrer tüchtiger Personen
gleichfalls zu einer Norm für die künftige Anzahl
derselben zu erheben. Vor dem Westphälischen
Frieden ist mir, Cölln ausgenommen, auch nicht Ein
Statut bekannt, wodurch eine bestimmte Anzahl
von Doctoren in einem Capitel beliebt worden wäre;
In allen Statuten ist vielmehr die Aufnahme des
Adels und der Doctoren durch einen disjunctiven
Satz ausgedrückt worden: der Candidat nemlich
sollte entweder eine bestimmte Anzahl von Ahnen
erweisen, oder sich mit einem Doctorsdiplome legi-
timiren. In andern Stiftern, wo man selbst nicht
einmal zum Vortheile der Doctoren ein Statut
gemacht hatte, konnte in der Ausübung eben diese
Disjunction zum Grunde gelegt worden seyn, vermöge welcher entweder ein Mann aus dem Adel,
oder ein andrer tüchtiger Mann aus dem Unadel
aufgenommen werden konnte. Man konnte also

bey weitem nicht sagen, — so viel Doctoren u. s. w.
1648 in einem Domcapitel waren, so viel müssen
auch auf immer darinn bleiben. Wohl aber, wo
1648 vermöge der Statute oder Gewohnheiten,
Doctoren u. s. w. waren, da sollen sie auf immer
in denselben erhalten, folglich durch gegenseitige
Statute, oder Gewohnheiten in Zukunft nicht ausgeschlossen werden. Mit den Doctoren in Cölln,
als deren Anzahl schon vor dem Westphälischen
Frieden auf acht gesetzt worden ist, hat es ohnedem
seine besondere Bewandniß. Die Stiftung von
sechs Priesterpräbenden verliert sich tief in das Alter-
thum. Cardinal Branda, der sogenannte Reformator der teutschen Kirche vermehrte dieselbe durch
Unterdrückung der Currentpräbenden mit zwey, und
soderte von den Domherren, welche diese Präbenden erhalten würden, Priesterthum und Doctorat,
bis endlich Friedrich III. und Sixt IV. im
Jahre 1474 auf immer sowohl die 6 Priester, als
die beyden neugestifteten Präbenden für die Doctoren
allein bestimmten (s). So sehr sich auch schon der
Reformator Branda bemühte, eine völlige Gleichheit zwischen den Priester- und andern Präbenden
herzustellen, so unterscheiden sich denn doch die Hoch-

(s) Würdtwein subs. dipl. T. III. p. 95. und 385.

adelichen Domherren zu Cölln von den Doctoren,
sowohl in der Kleidung, als Benennung. Die
Doctoren sieht man nie unter den sogenannten
Domgrafen im Chore, oder der Capitelsstube vermischt, sie formiren so zu sagen ein besonderes Corps,
und sind, soviel mir bekannt ist, nicht fähig, zum
Erzbisthume zu gelangen. Vielleicht trug die
Bestimmung der Anzahl zu dieser Art von Abson-
derung in dem Domcapitel zu Cölln vieles bey. In
andern Capiteln kenne ich, wie gesagt, kein Statut,
wodurch die Anzahl bestimmt worden wäre. Wenn
also die Paciscenten zu Osnabrück nur allein Rücksicht
auf die damaligen Statute und Gewohnheiten nahmen, so konnten sie allerdings den damaligen Zustand
der Domcapitel zur Norm annehmen, ohne gerade
eine bestimmte Anzahl festsetzen zu wollen. Neuere
Schriftsteller erwähnen erst eine bestimmte Anzahl
von Domherren, ohne daß ich jedoch ihre Nachrichten verbürgen möchte. Gewöhnlich zogen sie dieselbe von dem wirklichen Verhältnisse der Doctoren
und des Adels in den Domcapiteln ab, und da
dasselbe sich zu verändern pflegte, so lieferten sie
auch öfter widersprechende Nachrichten. Wenn
gegenwärtig nur zwey Männer, der Domdechant,
Baron von Strehl, und der geistliche Rathsvice-
präsident Herr Jndebler, unter der Firma des

Doctorats Siß und Stimme in dem Capitel zu
Freysingen haben, wer würde schließen wollen,
daß nicht mehr, als zwey Doctoren Siß und
Stimme in dem Capitel zu Freysingen haben
können, da das Plaßrecht für mehrere offenbar entschieden ist (t). Und so möchte etwa noch in mehrern Stiftern die Anzahl der Domherren aus dem
Adel und Unadel unbestimmt seyn, wie mich Privatnachrichten von den Domcapiteln zu Augsburg und
Regensburg versichern wollen. Hiemit glaube ich
also die Unthunlichkeit des Zusaßes: non plures,
quam hactenus, gezeigt, und zugleich den Grund
angegeben zu haben, warum die Paciscenten sich
desselben nicht bedienen wollten.

So deutlich mir der bisher angegebene Sinn in
den Worten zu liegen scheint, deren sich die Paciscenten bedienten, eben so unverkennbar liegt er in
den Friedensverhandlungen; — In den Friedensverhandlungen, welche Herr Spittler so scharf-
sinnig zum sichtbar großen Gewinne des Unadels,
und zum sichtbar größten Nachtheile des Uradels zu
deuten sucht. Freylich wohl zum sichtbar großen
Gewinne des Unadels, und zum sichtbar größten
Nachtheile des Adels in Stiftern, wo damals der

(t) Geschriebene Nachrichten aus Paßau.

Unadel noch durch Statute und Gewohnheiten geschützt war, können und müssen die Friedensver= handlungen gedeutet werden. Der ganze Gang der Friedensverhandlungen, die Uebereinstimmung der beyderseitigen Finaldeclarationen, endlich selbst das so von Ohngefähr hinweggekommene „& consuetu= „dini“ lassen sich allein auf die Erhaltung der Patri= cier, der Doctoren und andrer tüchtiger Perso= nen in denjenigen Capiteln deuten, in welchen sie noch ein statuten= und observanzmäßiges Platzrecht hatten, nicht auf die Aufnahme derselben in alle Capitel, in Capitel, aus welchen sie lange schon durch Statute, oder durch Observanz ausgeschlossen waren. Wie so deutlich der Gang der Verhand= lungen meine Meynung erläutert! War doch der erste Entwurf der Evangelischen, bey welchem man bekanntlich seine Prätensionen so hoch als möglich spannt, um im Verfolge derselben desto mehr nach= geben zu können; war doch der erste Entwurf der Evangelischen so gelinde. Augenscheinlich hatten die Evangelischen den Plan im Sinne, welchen die noch mit Patriciern, Doctoren und andern qualifi= cirten Personen besetzten Erz= und Domcapitel nur erst zur Ausschließung derselben gemacht hatten; augenscheinlich hatten sie die Gründe im Sinne, welche dieselben zur Unterstützung und Durchsetzung

ihres Plans gebraucht hatten, nemlich, daß die
Capitel ursprünglich für den Adel allein gestiftet
wären; — Um deßwillen reden sie nur von etlichen hohen Stiftern, um deßwillen läugnen sie,
daß die ursprünglichen Fundationen den Unadel
allein begünstigten, um deßwillen machten sie gerade
den entgegengesetzten Schluß für die Beybehaltung
der Patricier, Doctoren und anderer qualificirter Personen. — Der Grund, warum so viele Stifter
auf die Ausschließung derselben drangen, fiel nach
der Meynung der Evangelischen weg, folglich mußte
auch ihre Prätension wegfallen. Bey dem ersten
Entwurfe also, welchen die Evangelischen machten,
hatte man offenbar nicht alle Erz- und Domstifter,
sondern nur diejenigen vor Augen, „aus welchen
„adeliche Geschlechter in Städten, Doctores und
„andre qualificirte Personen ausgeschlossen werden
„wollen “ (u). Ausgeschlossen werden wollen!
Was konnte deutlicher, was überzeugender die Ge-
sinnung der Evangelischen darthun, als diese
Periode. Sie wollen ausgeschlossen werden, d. h.
man machte Versuche, sie auszuschließen, schloß sie
noch nicht wirklich aus, sondern wollte sie nur ausschließen. Diese Versuche, diese Plane wollten die

(u) Mejern Th. III. S. 163.

Evangelifchen vernichten, fie wollten fie vernichten, weil fie fo ganz ohne Grund auf urfprüngliche Stiftungen geftützt waren, welche doch nichts weniger als den Uradel allein begünftigten.

Wenn aber der erfte Entwurf, bey welchem man feine Foderungen am höchften fpannt, gerade nichts mehr und nichts weniger enthielt, als daß die Patricier, die Doctoren und andre qualificirte Perfonen aus denjenigen Stiftern nicht ausgefchloffen werden follten, in welchen fie noch eine obfervanz und ftatutenmäßige Exiftenz hatten, daß fie nicht ausgefchloffen werden follten, weil doch der Grund, warum man fie ausfchließen wollte, fo unerweisbar, fo nichtig wäre: fo follte man fchon, ohne den weitern Verlauf der Tractaten einzufehen, beynahe a priori fchließen, daß die Pacifcenten nie darauf hätten verfallen können, ihr Ultimatum auf alle Stifter zu richten. Wohl verfielen fie auch nie auf fo ein widerfprechendes Ultimatum.

Graf Trautmannsdorf, fo gerne er vielleicht in allen Capiteln Teutfchlands dem Uradel allein das Platzrecht zu Stande gebracht hätte, fah fich gezwungen, bey der damaligen Lage der Sachen nachzugeben. Aber Trautmannsdorf, der, wie Spittler fagt, nie ganz gab, und nie ganz nahm, fand manches zu hart in diefem Vor-

schlage. Ihm schien es zu hart, daß man so geradezu
den Stiftern Teutschlands absprechen wollte, als
seyen sie für den Uradel allein gestiftet. Vielleicht
mochte er auch, selbst aus dem Uradel, wohl
gewähnt haben, als seyen noch manche Stifter
Teutschlands ursprünglich zum Vortheile des Uradels
fundirt. So überzeugt er also gleich gewesen seyn
mochte, daß man protestantischer Seits schwerlich
von der einmal erregten Idee der Fundationen abge=
hen würde, so glaubte er doch eine Milderung im
Ausdrucke, eine etwaige Verwahrung der Rechte
für solche Stifter, die vielleicht für den Uradel
allein gestiftet seyn möchten, zu Stande bringen zu
können. Was war hier klüger ausgedacht, als
das gänzliche Stillschweigen von den Fundationen.
Wenn er von seiner Seite von den Fundationen
gar nichts wissen wollte, so war zu erwarten, daß
die Protestanten, um sich seinem Vorschlage zu
nähern, in Rücksicht des Ausdrucks etwas nach=
geben würden. Er schwieg also gänzlich von den
Fundationen, und lenkte alles auf Herkommen und
Sitte. Nur mußte er eine Formel erfinden, in
welcher das Wort Fundation bequemer und dennoch
ganz unschädlich eingeschaltet werden konnte. Dem
Grafen Trautmannsdorf und seinem Gehülfen
D. Isaak Vollmar konnte es nicht an einer

Formel fehlen, und siehe da: sie schlugen vor:
„daß Patricii und Doctoren in den Stiftern, in
„welchen solches Herkommen, mit aufgenommen wer-
„den " (w). Wie bequem und wie doch so unschädlich ließ sich hier das Wort Fundationen einschal-
ten, man durfte ja nur sagen, „in welchen solches
„dem Herkommen und den Fundationen gemäß."
Und schrieb, oder sagte man so, so war das Recht
derjenigen Stifter gerettet, welche etwa einen Beweis
von der ursprünglichen Stiftung derselben für den
Uradel hätten führen können. Noch ein andrer
Punct mißfiel dem Grafen in dem Vorschlage der
Protestanten, nemlich, daß man auch andere qualificirte Personen in den Stiftern erhalten sollte.
Vermuthlich wußte der Graf nicht, was er aus
diesen andern qualificirten Personen machen sollte,
und wie sollte er auch wissen, ob in Constanz, oder
Basel, in Brixen, oder Freisingen Statute oder
Gewohnheiten sich befänden, vermöge welcher auch
Personen ohne Uradel, Patricienwürde, oder
Doctordiplome Anspruch auf Capitelstellen machen
könnten? Oder, wie hätte man dem Grafen zumuthen sollen, daß er den Auditor der heiligen Rota,
den ehrwürdigen Leonhard Pappus, oder sonst

(w) Mejern l. c. III. 187.

andere nnadeliche und ungraduirte Domherren kenne: kurz, die dritte Claſſe ſchien ihm entweder überflüßig, oder doch ohne hinlänglichen Grund von den Proteſtanten in Vorſchlag gebracht zu ſeyn; er übergieng ſie alſo, wie wir bereits geſehen haben, gänzlich in ſeinem Vorſchlage.

Mit den Fundationen gieng alles nach Wunſch; die Proteſtanten legten Trautmannsdorfs Vor‐ ſchlag in ihrer Replik zum Grunde. Sie redeten nicht mehr von den Verſuchen des Adels, wie von fundationswidrigen Neuerungen, ſondern milderten die Ausdrücke, wie es nur immer der ſtaatskluge Graf hatte erwarten können. Wenn der Graf nur geradezu die Aufnahme der Doctoren feſtgeſetzt wiſſen wollte, ſo glaubten es die Proteſtanten noch deutlicher, noch emphatiſcher ausdrücken zu müſſen, und ſetzten, „es ſoll hinfürter fleißig darauf „geſehen werden,‟ (x) daß u. d. g. wenn der Graf die Rechte der Patricier und der Doctoren hinlänglich damit geſichert zu ſeyn glaubte, daß er das Herkommen zur ewig entſcheidenden Norm für die Zukunft aufſtellte; ſo wollten und konnten ſie ihm nicht widerſprechen, denn auch ſie hatten in ihrem Vorſchlage daſſelbe vor Augen gehabt, indem

(x) Mejern l. c. S. 333

sie nur von etlichen hohen Stiftern sprachen, aber die einmal beliebte Idee von den Fundationen wollten sie nicht aufgeben, und nahmen das Herkommen und die Fundationen zugleich zu Normen an, „den Fundationen und Herkommen gemäß „sollten sie in den hohen Stiftern erhalten, und „nicht davon ausgeschlossen werden.“ Hiemit war man catholischer und protestantischer Seits einig. Wo zur Zeit des zu Stande gebrachten Weßphälischen Friedens die Doctoren u. d. g. eine observanz- und fundationsmäßige Existenz hatten, da sollten sie erhalten und nicht ausgeschlossen werden; Wo aber das Herkommen oder die Fundation denselben entgegen seyn würde, da sollten die hohen Stifter befugt seyn, sie auszuschließen. Gewinn genug für Trautmannsdorf. Aber, daß die Protestanten nicht von der Aufnahme der anderen tüchtigen Personen abgehen wollten, ja sogar vier Classen von Candidaten, nämlich den Adel, Geschlechter, oder graduirten Stand, wie auch sonst qualificirte Personen erwähnten, hievon wollte man catholischer Seits nichts wissen. Den Zusatz von den Fundationen konnte man sich endlich gefallen lassen, denn er schadete einmal nichts, und war doch eine Lieblingsidee der Protestanten, welche sie um so weniger fahren lassen wollten, je mehr sie sich überhaupt auf die Wiederherstellung des ältern und reinern Zustandes der Christenreligion zu gut thaten; Aber von so vielen Arten und Claſſen der Domherren wollte man nichts wiſſen. Wer weiß, was man ſich hiebey für bedenkliche Folgen dachte. Es konnten noch in manchen Stiftern keine beſondere Statute zu Gunſten des Adels, des Doctorats und edlen Patriciats vorhanden ſeyn. Der Name Patriciat war allgemein; es gab ſtiftsmäßiges und nicht ſtiftsmäßiges Patriciat. War das letztere weder durch das Herkommen, noch durch die Fundation bisher von einigen Stiftern ausgeſchloſſen worden, da hätte wohl auch der Patricier, der längſt durch Kaufmannſchaft und Handwerker, oder durch Misheyrathen ſeinen Adel befleckt hatte, ein Platzrecht in den Capiteln gehabt. Die Benennung der andern tüchtigen Perſonen war noch allgemeiner. Wer weiß, was man ſich hierbey für bedenkliche Folgen gedachte; die Patricier, zumal, wenn ſie ihre Ahnen zu beweiſen verbunden ſeyn ſollten, und die Doctoren ließen ſich noch in den Capiteln gedulten. Von wenigen Patriciern ließ ſich erwarten, daß ſie mit ihrer Ahnenprobe aufkommen würden, und die Doctoren waren doch einmal durch das Herkommen in dem Beſitze ihres Platzrechtes geſchützt. Aber gar noch andre qualificirte Perſonen! Was konnte

man unter diesem Schilde nicht für Leute in die
Capitel bringen? Vorausgesetzt, daß in mehrern
Capiteln keine Anzahl für den Uradel, die Doctoren, und die gehäßige andere qualificirte Personen
festgesetzt worden war, so konnte man ahnden, daß
etwa gar mit der Zeit der Uradel, welcher doch
immer in den Stiftern mitten unter den Doctoren
und Patriciern bisher die Oberhand gespielt hatte,
von abgedankten Officieren und Invaliden, von
Kammerdienern und Speichelleckern großer Herren
u. d. g. verdrängt würde. Was konnte man unter
diesem Schilde nicht für Leute in die Capitel bringen? Der Graf, welcher doch die Welt und ihren
Lauf ein wenig kennen mochte, glaubte die vielen
Empfehlungen und Protectionen von nichtswürdigen
Günstlingen, von fremden Avanturiers und römischen Creaturen schon im Geiste vorauszusehen; er
glaubte, die Domherrnstellen von diesem seinen
Gesindel besetzt und teutsches Doctorat und Adel
ausgeschlossen zu sehen. Darum eiferte er gegen
diese andere qualificirte Personen, darum glaubte
er nicht nachgeben zu können, bis man protestantischer Seits diese verhaßte Classe aus dem Vorschlage weggestrichen hätte. Also in Rücksicht des
übrigen Theils war man catholischer und protestantischer Seits beynahe einig, nur stand man noch

unentschlossen bey den Classen von Personen, welche
durch den Frieden eine ewigwährende Existenz in
den Stiftern haben sollten. Diese Urbereinstim-
mung in Rücksicht der Abfassung der ganzen Stelle,
diese Uneinigkeit in Rücksicht der Personen, welche
man evangelischer Seits in Vorschlag gebracht hatte,
ergiebt sich augenscheinlich aus der vorläufigen Vereinigung zweyer wichtiger Männer der evangelischen
Gesandtschaften, D. Varenbüler, und D. We-
sembeck. Diese vorläufige Vereinigung hatte
nichts weniger zum Zweck, als ein standhaftes
Beharren bey dem einmal gebrauchten Worte der
Fundationen, oder dem Bau der Periode, wie
man ihn protestantischer Seits vorgelegt hatte; sie
hatte nichts weniger zum Zwecke, als eine Berathschlagung, wie man etwa den Catholiken in diesem
Puncte noch etwas nachgeben könnte. Nur vereinigten sie sich zuletzt, wenn man doch catholischer
Seits den Artikel nicht nach dem Willen der Protestanten annehmen wollte, die Patricier und andere
qualificirte Personen aus dem Concepte wegzulassen,
„die Clausel aber wegen der vom Adel und gra-
„duirten Personen zu behalten.“ Wenn diese beyden Männer, die schon manches entschieden, manches schon vorbereitet hatten, augenscheinlich nur
die Benennung der verschiedenen Personen für

beſtritten anſehen, wenn ſie ſich gefallen laſſen,
etwa die Patricier und andre qualificirte Perſonen
aus dem Concepte wegzuſtreichen, wenn ſie ſich
vereinigen, zuletzt auf der Clauſel wegen der von
Adel und graduirten Perſonen zu beſtehen, ſo müßte
doch hierüber wenigſtens nur die wichtigſte Controverſe geweſen ſeyn.

Aber auch dieſe Controverſe ſcheint in der Folge
nicht ſo haſtig betrieben worden zu ſeyn. Vermuthlich, denn was läßt ſich hier anders, als vermuthen;
vermuthlich erklärte man ſich näher über die gewählten Ausdrücke. Vermuthlich machte man dem
Grafen begreiflich, daß man unter den andern
qualificirten Perſonen nicht ſogleich Kammerdiener
und Invaliden u. d. g. verſtehen könne, daß der Zu-
ſatz „qualificirte Perſonen" hier alles entſcheide, und
daß bey all' der Allgemeinheit des Ausdrucks denn
doch Niemand in die Capitel aufgenommen werden könne, als wer nach den Statuten qualificirt
ſey, z. B. geiſtliche Räthe, verdiente Seelſorger
u. d. g. Vermuthlich wieß man ihn auf den Vorſchlag ſelbſt hin, in welchem all dieſe Perſonen nur
dem Herkommen und den Fundationen gemäs in
den Capiteln erhalten werden ſollten; dem Herkommen gemäs, welches denn doch, wie ein
oberflächlicher Blick in die Geſchichte der Domcapitel

zeigte, keine Invaliden und Kammerdiener begün=
stigte. Mit den Patriciern nahm man es gleichfalls
nicht so strenge, und da ohnehin schon zwey wichtige
Männer sich vorläufig vereinigt hatten, dieselbe
nöthigen Falls gänzlich aufzugeben, so konnte man
sich um so mehr gefallen lassen, statt Patricier,
adeliche Patricier zu setzen. Und weil man sich
in diesem Puncte so nahe war, gieng alles so ruhig,
und stille vorüber. Weil schon vor der Finaldecla=
ration nichts, oder wenig mehr auszugleichen war,
glaubte Graf Trautmannsdorf, die etwa noch
nöthige Ausgleichung seinem Collegen, H. D. Isaak
Volmar überlassen zu können. Die Finaldecla=
ration geschah, und wie die Finaldeclaration der
Evangelischeu lautete, so lautete das Ultimatum
der Kaiserlichen.

So ganz, wie die Evangelischen im Monate
August 1646 sprachen, so sprach auch H. Johann
Adler Salvius im Februar 1647. Die Patri=
cier erhielten den Zusatz nobiles, übrigens waren
noch zwey dem Ansehen nach unbedeutende Verän=
derungen angebracht, welche weiter nichts, als die
Eleganz und Richtigkeit der Sprache, in welcher
man schrieb, nothwendig zu machen schien; denn
statt dem Herkommen und Fundationen gemäß,
schrieb man *ubi id fundationibus, & confuetudini*

non adversatur, und kehrte nur die Stellung der Wörter Erhalten und Ausschließen um. Das teutsche Concept schloß mit dem Worte Ausschließen, H. Johann Adler Salvius mit dem Worte Erhalten die Periode (·y).

Mit einem Worte: In dem Ultimatum war man von beyden Seiten einig, daß nicht überall Patricier, Doctoren und andre qualificirte Personen erhalten werden sollten, da nicht mehr überall dergleichen Männer in denselben vorhanden waren, sondern nur da, wo sie dem Herkommen und den Fundationen gemäß noch eine rechtmäßige Existenz hatten.

Allein, so wie die Finaldeclaration der Evangelischen, und wie das Ultimatum der Kaiserlichen lautete, so lautete wider-alles Vermuthen die Stelle des Westphälischen Friedens nicht. Statt, *ubi id fundationibus & consuetudini non adversatur*, hieß es nur noch; *ubi id fundationibus non adversatur*; das *& consuetudini* verschwand, ohne daß in den Verhandlungen selbst ein einziger Grund dieser Verschwindung läge. Herr Spittler meynt, noch dies einzige habe endlich eine freche Doctorshand hinweggestrichen, wahrscheinlich in boshafter

(y) Mejern T. III. p. 91.

M

unbemerkter Stille hinweggestrichen. Und diese
freche Doctorshand war, wie ihm dünkt, keine andere,
als die Hand des D. Isaak Volmar. Freylich
wohl, wenn doch eine Doctorshand den Streich
geführt haben soll, so war es die Hand des D.
Isaak Volmar. Aber die Gründe für die
Existenz einer solchen Taschenspieleroperation überzeugen mich nicht. — Soviel man auch dafür
sagen könnte, und soviel auch H. Spittler wirklich dafür gesagt hat, so halte ich mich doch an die
gemeine Exegetenregel, welche eine so violente, die
Geradheit auf einer, und die Aufmerksamkeit der
Pacifcenten auf der andern Seite so tief herabsetzende
Vermuthung nicht eher erlaubt, als alle andere
Mittel, ein solches Phänomen zu erklären, vergebens versucht worden sind. Freylich eine sehr fro-
stige Regel, gegen all die scharfsinnigen Bemerkungen, womit H. Spittler diese vermeynte Taschenspieleroperation beleuchtet. Aber sie muß denn doch
einschlagen, wenn ich einen andern Grund dieser
Verschwindung anzugeben im Stande bin. H. Doctor
Isaac Volmar hatte wohl als vier und sechzig-
jähriger Staatsmann kein so großes Interesse bey
der Wegstreichung dieses Wörtchens. Gesetzt, die
Wegstreichung desselben hätte nun den vorigen
Sinn zerstört, und den Docigren in alle Capitel

den Weg eröfnet; was hätte er gewonnen? Wie
hätte es dem vier und sechzigjährigen Manne, wenn
er auch alles von Hofrevolutionen zu fürchten Ursache
gehabt hätte, wie hätte es ihm auch nur einfallen
sollen, erst eine Domicellarstelle in einem Domstifte
anzunehmen, oder wie wäre es eine sichere Versor=
gung gewesen für D. Isaac Volmar, erst einen
Fall abzuwarten, in welchem der Kaiser das Recht
der ersten Bitte ausüben könnte; — dann noch
einige Carenzjahre ohne sichere Versorgung durchzu=
leben, hierauf erst Residenz zu machen, endlich mit
der jüngsten Capitularpräbende, welche manchmal
sehr kärglich zugeschnitten ist, vorlieb zu nehmen?
Und wenn ihm doch mit einer Domherrnstelle hätte
gedient seyn sollen, war denn wohl alles für D.
Isaak Volmar verlohren, wenn si id fundatio=
nibus & consuetudini non adversatur, stehen geblie=
ben wäre? Ich sollte es nicht denken. Gab es zu
Cölln oder Freisingen, zu Costanz, oder Regens=
burg, zu Trient oder Basel u. d. g. nicht Präben=
den genug? Hatte aber D. Isaak Volmar
nicht soviel Interesse bey der ganzen Sache, um zu
Beförderung desselben einen eben so gewagten, als
niederträchtigen Streich zu begehen, so kann ich
mich gleichfalls nicht überzeugen, daß eben dies
Interesse die übrigen ehrsamen Doctoren verleitet

habe, ihre Ehrlichkeit so aufs Spiel zu setzen, daß
sie selbst ein bemerktes Falsum nicht hätten rügen
sollen. Ich sage nicht, daß es viel zu willkührlich
gegeben sey, wenn H. Spittler, um H. D.
Isaak Volmar eben so glücklich, als unbemerkt
seinen Streich vollführen zu lassen, hier einen nicht
aufmerken, dort einen zu spat kommen, oder gar
recht schadenfroh lächeln ließ. Kurz die schöne
Hypothese von D. Isaak Volmars Ueberli:
stung scheint im Ganzen gewagt und unwahrschein:
lich zu seyn. Aber wie kam doch „& consuetudini"
so unvermerkt hinweg? Es kam hinweg, weil es
unschicklich da stand, weil es im Bezuge auf die
Worte und den Bau der ganzen Periode einen
unschicklichen Pleonasmus machte. Ob Volmar
diesen Pleonasmus allein entdeckte, allein verbesserte,
ob er Rücksprache mit Trautmannsdorf und den
übrigen Gesandtschaften hielt, ob man nicht für
gut fand, über die Wegstreichung des so überflüßig
dastehenden „& consuetudini" ein besonderes Proto:
coll zu führen, weiß ich nicht. Es sey ihm, wie ihm
wolle, & consuetudini, war in der Finaldeclara:
tion der Evangelischen, wie im Ultimatum der
Kaiserlichen ein wahrer Pleonasmus. Hätte man
den Schluß der Evangelischen zu Langerich wörtlich
übersetzt, so wäre „& consuetudini" ganz richtig

gegeben gewesen. Da hieß es noch, dem Herkommen und Fundationen gemäß; und da lag in dem Satze kein andrer Sinn, als: wo Adel, Geschlechter vermöge des Herkommens, vermöge der Fundationen in den Erz- und hohen Domcapiteln noch wirklich sind, da sollen sie, diesem Herkommen, diesen Fundationen gemäß, noch ferner in denselben erhalten und nicht ausgeschlossen werden. Nun behielt man alles aus diesem Schlusse in der Finaldeclaration bey, und setzte nur, statt den Fundationen und Herkommen gemäß: ubi id fundationibus & consuetudini non adversatur, und glaubte wohl dem teutschen Ausdrucke einen völlig synonymen Satz substituirt zu haben. Allein synonym war der Satz doch wirklich nicht. Wenn die Worte der in Frage begriffenen Stelle, wenn der Sinn der Paciscenten, wenn alle Verhandlungen bis auf die Wegstreichung des unschuldigen Wortes sich auf den damaligen Zustand der Domcapitel bezogen, so kann ich das Ultimatum der Kaiserlichen und die Finaldeclaration der Evangelischen nicht anders deuten; als:

 „Wo noch Statute, oder Herkommen zum
 „Vortheile der Patricier, der Doctoren und
 „andrer tüchtiger Personen bestehen, da soll
 „man sich Mühe geben, daß sie nicht durch

„gegenseitige Statute, durch gegenseitiges
„Herkommen ausgeschlossen, sondern vielmehr
„in denselben erhalten werden.‟

Nun setzten aber die Paciscenten die Ausnahme
hinzu: ubi id fundationibus & consuetudini non
adversatur. Also wo die Patricier u. d. g. vermöge des Herkommens in den Capiteln sind, da
sollen sie erhalten werden, „ausgenommen wo es
„dem Herkommen und den Fundationen entgegen
„ist.‟ — Wie widersinnig? Wie konnte man den
Fall als Ausnahme anführen, welcher die Regel
als aufgehoben, als nicht eintretend voraussetzte?
Wenn man die Patricier und Doctoren in den
Capiteln erhalten wollte, wo es Herkommen war;
so verstand es sich ja von selbst, daß man sie da
weder erhalten konnte, noch wollte, wo es nicht
Herkommen war. Wozu also diese Ausnahme?
Richtiger und eben so treffend stand ohne das
„& consuetudini‟ die Periode da. Wo es den Fundationen nicht entgegen, da sollen den Statuten und
Herkommen gemäß die Patricier, Doctoren und
andre tüchtige Personen nicht aus den Capiteln
geschlossen, sondern vielmehr in denselben erhalten
werden. Richtiger und eben so treffend stand die
Periode da, ganz nach dem Wunsche des Grafen
Trautmannsdorf, welcher die von der ursprüng-

lichen Fundation hergenommenen Gründe der Capitel
entweder für wahr, oder es doch für billig hielt,
denselben nicht so geradezu zu widersprechen. Die
gebrauchten Worte: Ausschließen und Erhalten,
zeigten hinlänglich den Willen der Paciscenten an,
daß sie die damalige Lage der Domcapitel vor Augen
hatten. Da sie nun sogar auch die damaligen Besitzrechte nicht für hinlänglich gelten ließen, wenn die Patricier, die Doctoren und andere Personen gegen die ursprünglichen Stiftungen in die Capitel gekommen waren; was konnte mehr für den Uradel gethan werden?

So dünkt mich, läßt sich die Verschwindung
des „& consuetudini" ohne Hinterlistungen, ohne
Voraussetzung von Niederträchtigkeit und Ver-
stümmelung erklären. Aber wie sollte demohngeachtet das Herkommen, wie sollten dem ohngeachtet die Statuten zur Richtschnur angenommen
worden seyn? Wie dies geschah, habe ich bereits
bewiesen. Aber wie kam es, daß man gerade der
Statute und der Observanz nicht ausdrücklich
erwähnte, da doch eben damals zu Osnabrück ein
mächtiger Zank über Capitelstatute war? „Wird
„doch in den unmittelbar vorhergehenden Para-
„graphen der Capitelstatute so sorgfältig gedacht;
„wird doch alles nach Localobservanz und alten
„Statuten bestimmt.". — — „Ist's nicht auffal-

„lender Contrast, indem sich der 16te und 17te
„Paragraph des fünften Artikels des Osnabrückischen
„Friedens, wie man fast glauben muß, recht nach
„der Absicht der Pariscenten, der lesenden und prü=
„fenden Nachwelt zeigen sollten?" Mit einem
Worte den 16te Paragraph bestimmt das Wahl=
recht und Postulationsrecht nach Observanzen und
Statuten; der 17te Paragraph redet von den
präbendensähigen Domherren, ohne der Statute
und der Observanzen ausdrücklich zu erwähnen.
Freylich wohl, dies geschah. — Aber sollte um
deßwillen Jemand gegen die damaligen Statute,
kein Bischof, wohl aber Jemand ein Domherr
werden können? Sollte der Kaiser befugt seyn,
einen Precisten gegen die schon zu Zeiten des Osna=
brückischen Friedens bestehenden Statute und Obser=
vanzen in ein erzhohes oder hohes Domcapitel zu
schicken? H. Spittler giebt zwar dem römisch=
teutschen Kaiser oder Könige dies Recht, aber der West=
phälische Friede spricht es ihm mit dürren Worten ab.

Ubi Sacra cæsarea majestas, sagt der Friede, jus
primariarum precum exercuit, exerceat etiam
imposterum, dummodo decedente A. C. ad=
dicto, in ejus religionis episcopatibus augu=
stanæ confessioni addictus, *ad normam Statuto=
rum & observantiæ idoneus,* precibus fruatur.

Wie doch der Contrast, in dem der 16te und
17te Paragraph des fünften Artikels der lesenden und
prüfenden Nachwelt sich zeigen sollten, verschwin-
det! Wie so deutlich es sich offenbart, daß der Candidat einer Domprábende eben so tüchtig seyn müsse
nach Vorschrift der Statute und der Observanz, wie
der Candidat der bischöflichen Würde! Wie so deutlich es sich offenbart, daß in dem unmittelbar vorhergehenden Paragraph der Wille der Paciscenten
unmöglich seyn konnte, alle Statuten und Observanzen unkräftig zu machen, und die Fundation
allein als einzige Norm aufzustellen? Wie so deutlich es sich offenbart, daß der künftige römische König unserm großen mit einer Domprábende lange
nicht hinlänglich gelohnten M. J. Schmidt nicht
zu einem Maynzischen Domherrn machen könne! In
der That, wenn die Paciscenten in dem siebenzehnten §. des fünften Artikels, Niemanden, der nur
immer eine Domprábende vergeben könnte, verbinden wollten, auf die Statuten und Observanz Rücksicht zu nehmen; warum verbanden sie in dem unmittelbar darauf folgenden §. den Kaiser, Niemanden eine Prábende zu ertheilen, der nicht nach den
Statuten und der Observanz tüchtig befunden würde?
Man wird mir entgegensetzen, daß die statutenmäßige
Fähigkeit, von welcher hier die Rede wäre, keinen

meine Erklärung der in Frage stehenden Stelle
des Westphälischen Friedens immer mehr Gewicht,
wenn ich den oben angeführten §. mit derselben ver=
gleiche. Beyde Paragraphen erklären sich wechsel=
seitig, und bestättigen das Resultat meiner ganzen
Untersuchung, daß vermöge des Westphälischen
Friedens, Patricier und Doctoren den Statuten
und der Observanz gemäß in den hohen Erz= und
Domcapiteln, in denen es den Fundationen nicht
entgegen ist, erhalten werden, übrigens aber, wo
vermöge der Statute und der Observanz nur Uradel
aufgenommen werden konnte, kein Unadel in die
hohen Erz= und Domcapitel eingesetzt werden sollte.

Zweytes Kapitel.

Vom Westphälischen Frieden bis auf die neuesten Zeiten.

Wenn die auf einen Friedensschluß folgende Ge=
schichte die beste Auslegerinn desselben ge=
nennt werden kann, so kann ich um so sicherer auf
der Deutung bestehen, welche ich der in Frage ge=
wesenen Stelle des Osnabrückischen Friedens gege=
ben habe, je mehr die folgende Geschichte der Erz=
hohen und hohen Domstifter mit derselben überein=
stimmt.

Wo der Adel zur Zeit des Westphälischen Friedens ausschließenden Besitz in den Domcapiteln gewonnen hatte, da blieb derselbe ungestört in diesem
ausschließenden Besitze; Wo zur Zeit des Westphälischen Friedens Patricier und Doctoren mit aufgenommen werden konnten, da konnten sie auch nach
dem Westphälischen Frieden aufgenommen werden,
da wurden sie auch wirklich nach dem Westphälischen
Frieden aufgenommen. Von andern tüchtigen Personen sind mir keine Nachrichten bekannt. Ehedem
hatte der Adel das glückliche Loos, von angesehenen
Schriftstellern vertheidigt zu werden, die den beynahe ausschließenden Besitz nicht nur politischgut fanden, sondern auch billig und gerecht: — Die
Macht des Adels und ihre Folgen machten ihn in
ihren Augen politischgut, und die ursprünglichen
Stiftungen billig und gerecht. Aber nach dem
Westphälischen Frieden, als von welchem der Adel
auf ewig in den hohen Erz- und Domstiftern geschützt zu seyn schien, entstanden, besonders unter
den Protestanten, mehrere Schriftsteller, welche mit
eben so beißender als ungerechter Satyre die Rechte
des Adels auf die Erz- und hohen Domcapitel an-
griffen. Am heftigsten schrieb Monzambano
oder Samuel Puffendorf (a). „Es giebt

_____
(a) De statu imperii germanici C. II. §. 14.

„Leute," sagt er, „welche vorzüglich aus diesem
„Grunde die große Menge von Kirchengütern, in
„deren Besitz der Adel ist, vertheidigen, weil durch
„sie die Aufnahme des hohen und niedern Adels be-
„fördert würde. Wenn Adeliche aus kirchlichen
„Pfründen ihr reichliches Auskommen erhalten, so
„fallen sie der Familie nicht zur Last, und verhindern
„also eine schädliche Theilung der Güter. Die
„Reichthümer erhalten sich nicht nur im Schooße
„der Familie, sondern vermehren sich auch, da
„Leute, welche zu Hause mit Armuth hatten ringen
„müssen, zu den größten Würden erhoben werden.
„Und, ich gestehe es," fährt er fort, „dies wäre
„schon allein Reiz genug, womit die römische Kirche
„sich die Gunst großer Herren zuziehen könnte. Denn,
„ob es schon ganz löblich wäre, den Glanz adelicher
„Familien zu erhalten, so wäre es dennoch gewiß,
„daß die Stifter der Kirchengüter auch nicht im
„Traume darauf gedacht hätten, da dieser Zweck
„weder etwas heiliges sey, noch auch zum Wohle
„der Seelen etwas beytrage. Wären die Nachge-
„bohrnen edeln und biedern Sinnes, so gäbe es
„im Kriege und im Frieden Mittel genug, sich Reich-
„thümer und Ehre zu erwerben. Wären sie aber
„weder zu Haus noch im Felde zu etwas nütze, so
„sey die Belohnung der Feigheit und Unthätigkeit

„zu groß, als daß man sie wie in einem Prytaneum
„sogar auf Kosten des Staats ernähre u. s. w." Ich
lasse das Wahre und Halbwahre in dieser Satyre
auf seinem Werthe beruhen, aber soviel sey mir
erlaubt zu schließen, daß auch nach dem Frieden zu
Osnabrück der Adel die Oberhand in den hohen
Stiftern dergestalt behalten habe, daß man, so oft
die Rede von den Stiftern war, vorzugsweise allein
vom Adel redete.

Die geistlichen Fürsten Teutschlands, so sehr
sie gleich durch den Westphälischen Frieden gedeckt
zu seyn schienen, wollten dennoch den Kaiser noch
unmittelbarer, noch emphatischer zur Aufrechthaltung
der Statute und Observanzen hoher Erz= und Dom=
stifter verbinden, und verwebten das Interesse der=
selben in das wesentliche Interesse des ganzen Reichs.
Mit einem Worte: Sie brachten es dahin, daß der
Kaiser in seiner Wahlcapitulation die Aufrechthal=
tung der Privilegien, hergebrachter Statute und
Gewohnheiten hoher Erz= und Domstifter beschwö=
ren mußte. Er mußte die Aufrechthaltung der
Privilegien, hergebrachter Statute und Gewohn=
heiten beschwören; also machte er sich anheischig,
sein Recht der ersten Bitte, das er ohnehin schon,
vermöge des Westphälischen Friedens, nur den
Statuten gemäß ausüben sollte, nur so gebrauchen

zu wollen, daß die Privilegien, Statute und Gewohnheiten der hohen Stifter ungekränket blieben;
er machte sich anheischig, mit seinem mächtigen
Schutze den Capiteln beyzustehen, wenn etwa der
Pabst ihnen einen Candidaten gegen ihre Statute
und Gewohnheiten aufdringen wollte. Man kennte
es leicht begreifen, was es eigentlich mit diesen Statuten für eine Bewandniß habe: Es galt hier nicht
etwa allein einem Statute, das einem unförmlichen
oder blödsinnigen Menschen die Aufnahme verwei-
gerte; nicht etwa allein einem Statute, das gegen
uneheliche Kinder, gegen Fremde gemacht war: Es
galt hauptsächlich den Statuten und Gewohnheiten,
welche zum Vortheile des Uradels in den hohen Erz-
und Domstiftern bestanden. Es ergiebt sich dies
nicht nur aus dem Contexte der Stelle in der Wahlcapitulation (b), in welcher dem Kaiser die Be-
schützung der stiftischen Statute anempfohlen wird,
sondern auch aus der nachherigen Geschichte, welche
Beyspiele genug aufzeigt, in welchen die Capitel
den Kaiser zum Schutze ihrer zum Vortheile des
Uradels bestehenden Statute aufriefen, und der
Kaiser denselben unweigerlich darboth.

(b) Denn wozu sonst in dem Contexte die Erwähnung der
Judicatur super statu nobilitatis?

Das Domkapitel zu Worms mußte zuerst einen schweren Kampf für die Capitelstatute kämpfen (c). Sein Gegner war Innocenz XII. Schon 1671, also nicht sogar lange nach dem Westphälischen Frieden erhielt Hermann Lothar von Auwach durch päbstliche Provision eine Domprädende zu Worms. Die päbstliche Curie war anfänglich, wenn je in einem Falle, gewiß in dem vorliegenden, unschuldig. Man glaubte zu Rom nicht anders, als Hermann Lothar von Auwach sey von der niederrheinischen Ritterschaft, und habe seine vier Ahnen. Selbst der Provisus machte sich durch den feyerlichen Schwur anheischig, sogleich das Capitel zu verlassen, wenn es je aufkommen sollte, daß seiner Genealogie die vier erforderlichen Ahnen fehlten. Kurz man nahm Hermann Lotharn von Auwach auf guten Glauben in das Capitel. Unterdessen starb der Wormsische Domprobst, und erledigte also wieder eine Prädende. Die Herren von Auwach hatten gute Freunde in Rom, und siehe: Hermanns Bruder, Johann Wolfgang erhielt die erledigte Prädende. Das Capitel zu Worms wurde aufmerksam, und nahm es ein wenig strenger mit der

_____

(c) Diese Geschichte ist ausgezogen aus den Urkunden bey Cramer de jurib. & prær. nob. avit. num. XXV. f.

N

Ahnenprobe Johann Wolfgangs von Au=
wach; und da ergab sich denn, daß Johann
Wolfgang von Auwach zu Witlich in einem
Städtchen des Erzstifts Trier gebohren, und nichts
weniger, als seine vier Ahnen zu beweisen im
Stande sey. Die Folge dieser Entdeckung war ganz
natürlich. Wolfgang kam nicht zu Capitel,
und Hermann Lothar ward vom Chore suspen=
dirt. Wo sollten sich die Herren von Auwach in
dieser Lage der Sachen hinwenden, als nach Rom
zu ihren guten Freunden? Die guten Freunde zu
Rom schafften auch gar bald Rath; denn siehe, der
Cöllnische Official erhielt den Auftrag, die ganze
Sache zu entscheiden. Der Official erkannte sogleich
ein Manutenenzmandat, und unterstützte es mit
vielen Drohungen. Allein das Capitel verweigert
Gehorsam in einer Sache, in der es ihm nicht
schuldig zu seyn glaubt, und fleht den kaiserlichen
Schutz an. Der Kaiser erläßt ein nachdrückliches
Schreiben an den päbstlichen Hof, worinn er dem=
selben vorstellt, daß es ein Theil seiner Regenten=
pflichten sey, die alten Privilegien und Statute
zu beschützen. Das Schreiben hatte die Wirkung,
daß in dem höchsten Gerichte der römischen Signa=
tur das Verfahren des Cöllnischen Officialen für
null und nichtig erklärt wurde. Es schien, das

Capitel habe gewonnen. Allein die Sache nahm
einen ganz andern Gang. Im Junius 1685 über-
gab man Auwachischer Seits neue Handlungen und
Documente, zu deren Beantwortung dem Wormsischen Domcapitel ein Termin bis zum 4ten Julius
anberaumt wurde. Allein die Wormsischen Documente waren unterdessen gestohlen, man konnte sogleich nicht antworten, und der Termin verstrich.
Kaum war der Termin verstrichen, so erschien schon
ein Spruch zu Gunsten Hermann Lothars von
Auwach, der als dreyjähriger Besitzer in dem Besitze seiner Präbende geschützt wurde, ohne auf die
Wormsischen Statute und Privilegien zu sehen.
Wäre nun gleich der Herr von Auwach bey dem
Besitze der einmal gehabten Präbende geblieben,
so könnte man aus diesem Falle bey weitem noch
nicht den Schluß machen, daß das Capitel zu Worms,
oder vielleicht gar alle Capitel Teutschlands Candidaten, welchen die statutenmäßige Eigenschaften
fehlen, anzunehmen verbunden seyen. Das Capitel
zu Worms gab nie den Widerspruch auf, den es
gleich anfangs eingelegt hatte, sondern zeigte in
seiner den 12ten October 1685 an Kaiser Leopold
erlassenen Klagschrift, daß es das päbstliche Verfahren noch immer für statuten- und rechtswidrig
halte. Wie sollte ferner da ein Präjudiz für sie

hohen Erz- und Domcapitel Teutschlands entstehen,
wo der Kaiser selbst so feyerlich und so nachdrücklich erklärte, daß er verbunden sey, die Statute
und Privilegien derselben zu schützen und zu hand-
haben. Und mußte denn nicht selbst die päbstliche
Curie die Wormsischen Statute, die Privilegien
Pius II. und Clemens VII. anerkennen, da
sie das Verfahren des Cöllnischen Officials annullirte,
und zuletzt mit sichtbarer Schonung der Capitelstatute
nur in possessorio zu Gunsten Hermann Lothars
von Auwach sprach, ohne nur im geringsten
Johann Wolfgangs von Auwach, welcher
doch auch eine päbstliche Provision hatte, zu erwähnen.

Allein der nachfolgende Streit war heftiger, als
der erste. Die päbstliche Curie sah das Unrecht
ein, mit welchem man in der Auwachischen Sache
dem Capitel zu Worms begegnet hatte: Sie lernte
die Statuten und Privilegien dieser Kirche kennen,
ja erkennte dieselbe gewissermassen an. Und dennoch
sollte nun gar ein Jacob von Boville, ohne
Ahnen, ohne von teutscher Abkunft zu seyn, Jacob von Boville, ein Irländer, sollte nun gar
Domherr zu Worms werden. Dies war denn doch
zuviel von Seiten des Pabstes gefordert. Das
Capitel zu Worms both also alle Kräfte auf, sich

diesen irländischen Edelmann vom Halse zu schaffen.
Alle übrige Capitel Teutschlands waren leicht dahin zu bringen, mit dem Capitel zu Worms gemeine
Sache zu machen, denn sie fühlten es nur gar zu
sehr, daß der Schlag, welcher ein einziges Capitel
von Teutschland treffe, wegen der Idendität der
Verfassung auf alle wirke. Die mächtigsten geistlichen Fürsten erließen nachdrückliche Schreiben an
den päbstlichen Hof; der Kaiser trat wieder mit
der schon einmal mit Wirkung gebrauchten Rolle
eines Beschützers der teutschen Kirchen und ihrer
Statute auf; der Reichstag selbst kam in Bewegung, und die catholischen Legationen machten gleichfalls die dringendsten Vorstellungen! Bey dieser
Lage der Sachen kann es wohl nicht mehr bezweifelt
werden, daß man von Seiten des Reichs die Rechtmäßigkeit der Statute zum ausschließenden Vortheile
des Adels anerkannt habe. Durfte doch Lothar
Franz, Churfürst zu Maynz, dem Pabste geradezu
sagen, daß in die hohen Stifter Teutschlands Teutsche
allein aufgenommen werden könnten, daß die Candidaten aus dem vorzüglichen Adel seyn müßten,
worunter man nicht einmal die academischen Würden zählen könne; durfte er dem Pabste sagen, daß
Signor Bennicusa, der Verfasser des Urthels
für H. v. Baville unmöglich in teutschen Ge-

schäften bewandert seyn könne, weil es sich nicht vermuthen ließe, daß er im Namen des Pabstes Statute und Gewohnheiten vernichten wolle, welche doch
selbst durch die gemeinen geistlichen Rechte anerkannt wären; durch die gemeinen geistlichen Rechte,
welche es ausdrücklich besagten, daß besondre Statuten nicht durch neue Verordnungen aufgehoben
würden, indem der Pabst zwar alle Rechte in seiner
Herzkammer verschlossen hielte, aber unmöglich das,
was blos auf factischen Umständen beruhe, wissen
könne. Durfte er diese Grundsätze bey dem päbstlichen Hofe mit so einem Ernste geltend machen, daß
er sich nicht scheute, demselben zu verstehen zu geben,
wie daß seine Anmaßungen in teutscher Brust die
Begierde nach gallicanischer Freyheit rege machten
u. d. g.! Durfte Johannes Hugo, Erzbischof
zu Trier in einem gleichen Schreiben an den Pabst
ebendieselben Grundsätze aufstellen, und die Schritte
desselben mit den Einfällen der Feinde vergleichen,
welche die Güter der Kirche zu Worms erst neuer-
lich verwüstet hatten! Sagten doch die gesammten
catholischen Legationen, daß die Adelsprobe eine den
uralten Statuten und wohlhergebrachten Gewohnheiten gemäße Sache sey, eine Sache, worüber der
Pabst keine Dispense zu ertheilen im Stande sey!
Sagten sie es doch mit dürren Worten, daß ein

Schritt, wie dieser sey, ganz in das Innere der
teutschen Verfassung greife, und daß mit dem Um:
sturze der Wormsischen Statute und Gewohnheiten,
die Statute und Gewohnheiten aller teutschen Stifter
zusammenstürzen würden! Sah der protestantische
Religionstheil all diese Schritte, und schwieg er
hieben stille, so billigte er dieselben ohne Zweifel.
Statt, daß also die Verfassung der hohen Erz: und
Domcapitel bey diesem Vorfalle eine Erschütterung
hätte leiden sollen, wurde sie vielmehr durch den
Antheil, welchen das gesammte Reich an derselben
nahm, befestiget.

Aber, wie gieng es mit dem Irländer, Herrn
von Boville? Ob er dem allen ohngeachtet in
Besitz einer Dompräbende kam, und das Capitel
also, das seine Rechte hinlänglich verwahrt zu seyn
glaubte, den vielen Censuren und Interdicten nach:
gab, weiß ich nicht. Vermuthlich aber blieb das
Capitel, gestützt auf so mächtige Stützen, seinem
Entschlusse getreu; wenigstens scheint es aus einem
Danksagungsschreiben zu erhellen, welches das
Capitel zu Worms an die catholischen Gesandschaf:
ten auf dem Reichstag erließ, „daß sie sich ihrer
„gegen die am päbstlichen Hof wider sie angemaßte
„unverdiente Proceduren, vermittelst Erlassung nach:
„drücklicher Schreiben an ihro päbstliche Heiligkeit

„sowohl, als ihro kaiserliche Majestät kräftig und
„standhaftig anzunehmen belieben wollen." Dem
sey aber, wie ihm wolle; im Ganzen gieng die
Verfassung der teutschen Erz= und Domstifter aus
diesem Kampfe nur desto fester und ehrenvoller
hervor.

So fest war man von dem Rechtsbestand der
Domcapitelischen Statute überzeugt, daß selbst der
König in Frankreich die Statute des Domcapitels
zu Strasburg in ihrem Werthe ließ. Hätte der
König in Frankreich nur die geringste Wahrschein=
lichkeit auf seiner Seite gehabt, hätte man glauben
können, daß der Westphälische Friede eine Deu=
tung annehme, welche dem Uradel in den Domca=
piteln entgegen wäre; wie wäre diese Deutung in
Frankreich willkommen gewesen! Hat doch der König
immer Leute genug, welchen eine Dompräbende zu
Strasburg sehr erwünscht seyn würde! Leute genug,
welche ohne die erforderlichen Ahnen mit Abteyen
zufrieden seyn müssen! Und dennoch ließ der König
die Statute des Domcapitels zu Strasburg in ihrem
Werthe! Das Einzige, was er von demselben ver=
langte, und was es nach seinen geänderten Ver=
hältnissen recht gerne zugestehen konnte, war ein
Statut, vermöge dessen für die Zukunft der dritte
Theil der Canonicate an Franzosen vergeben werden

follte! Das Statut gieng 1687 in dem Capitel zu
Strasburg durch. Ein feines Statut, deffen Uns
wirkfamkeit wohl die hochweifen Domherren zu
Strasburg einfehen mochten, das Ministerium des
Königs aber für baaren Gewinn des französischen
Adels hielt! Es vergiengen fechs und zwanzig
Jahre, ohne daß ein Franzofe Domherr zu Strasburg geworden wäre. Und wie hätte auch ein Franzofe die schwere Ahnenprobe liefern können, welche
das Capitel zu Strasburg forderte! Sechs und
zwanzig Jahre vergiengen, ehe man dies von Seiten
des französischen Hofs zu bemerken schien. Und auch
da, als man es bemerkte, entsprach die Schonung,
mit welcher man zu Werke gieng, der Achtung,
welche man den ehrwürdigen Statuten und Gewohnheiten eines adelichen Domcapitels schuldig zu
feyn glaubte.

Es gefchah nur eine Anfrage, warum doch
dem Statute vom Jahre 1687 gemäß kein Franzofe
bisher eine Präbende zu Strasburg erhalten habe?
Die Herren zu Strasburg verstanden den Wink, und
milderten in Rückficht der französischen Candidaten
die Schwierigkeit der Ahnenprobe. Hiemit war man
von Seiten des Hofes zufrieden, und ließ übrigens das
Capitel zu Strasburg in Ruhe (d). Diese wenig-

(d) Bey Cramer. Anh. n. XVIII.

stens von Auſſen beobachtete Schonung zeugt dann
doch von dem Anſehn, in welchem durchgehends die
Capitelſtatute geſtanden ſeyen: Die Capitelſtatute
auch wenn ſie zum ausſchließenden Vortheile des
Adels gemacht waren.

Und was konnten auch die Doctoren mehr für
Vorzüge vor dem Adel aufzeigen? Zwar ſuchten
ſie die längſt vergeſſene Meynung von ihrem Adel
wieder in Gang zu bringen; ein ganzes Heer von
Schriftſtellern unterſtützte dieſelbe, ohne neue oder
ſonſt erheblichere Gründe aufzubringen, als man
bisher gebraucht hatte. Aber um eben deswillen
fanden die guten Doctoren wenig Gehör, oder
wenn man es noch für gut fand, mit Ihnen anzu-
binden, ſo ließ man ſie die Geißel der Satyre recht
empfindlich fühlen. Ein ganzer Schwarm von
Schriftſtellern, die für die Doctoren ſchrieben, verſtummte vor den bündigen und witzigen Gründen
eines Mecklenburgiſchen Edelmanns Gottlieb
von Hagen (e). Ohnehin hatte Lothar Franz,
Churfürſt zu Maynz, ſchon im Angeſichte des Reichs
erklärt, daß, wenn man nur Teutſche von Adel in

(e) Sein Werkchen: Diſcurſus de natura & ſtatu veræ nobilitatis & doctoratus juris iſt angehängt bey Itter. de
   grad. Academ. Man ſehe auch Conrad von Ein-
   ſiedel de regalibus C. II. n. 140.

die hohen Erz- und Domstifter aufnehmen wolle,
man bey weitem die Doctoren unter dem Adel nicht
mitbegreife. Verschiedene Regenten Teutschlands
zeigten in öffentlichen Verordnungen die tiefste Ver-
achtung des Doctorats. Der Eine stellte sie mit
Scharfrichtern und Schweinschneidern (f), der Andre mit Kammerdienern in eine Categorie (g).
Was die Patricier anbetrift, so war ihre Würde
bereits auch ziemlich tief gesunken. Im Jahre 1671
entstand die Frage, ob die Patricier den Vorzug
vor den Doctoren hätten. Man mußte sehr wenige
Gründe gefunden haben, um den Patriciern den
Vorzug einzuräumen, wenn es diese allein waren,
welche man wirklich gebrauchte, denn was kann
man sich erbärmlicheres gedenken, als folgende Be-
weisgründe. In dem Osnabrückischen Friedensin-
strument wären ja die Patricier den Doctoren vor-
gesetzt, in der Auth. præsides Cod. de episc. audient.
würden sie mit den Adelichen verglichen, und Bech-
tius habe bereits das Alter dieses Vorzugs er-

(f) Geschichte des Fürstenthums Hannover, von C. L.
Spittlern. Es geschah unter Herzog Georg Wilhelm den Großen, Ludolf Hugo ausgenommen.

(g) Hessenkasselsche Rangordnung, v. 1762. v. Struben
Rechtl. Bed. T. III. S. 443.

wiesen (h). Indessen gewannen denn doch die Patricier in dem schon erwähnten Schencking'schen Processe den Vortheil, daß man es für bekannt annahm, auch sie seyen präbendenfähig, wenn sie nur die statutenmäßigen Ahnen erweisen könnten. Die Herren von Schencking spielten nämlich ihren Handel an das Cammergericht, welches Forum um so gegründeter war; da sich nun der Streit um die Frage gedreht hatte, ob die Herren von Schencking ihre erforderlichen Ahnen bewiesen hätten, oder nicht. Die Erbmannen suchten mit Urkunden zu erweisen, daß sie ritterlicher Abkunft seyen, ehedem Ministerialen von Fürsten gewesen, Ritterlehne besessen, und Vasallendienste gethan hätten; daß Viele aus ihrer Familie teutsche Ordensritter und Mitglieder von Cathedralkirchen, selbst in Münster, gewesen seyen, daß sie auf dem Landtage erschienen, und von acht Ahnen die erforderlichen Wappen aufzeigen könnten. Das Capitel zu Münster hatte nun freylich mehreres gegen diese Beweise einzuwenden: allein das Cammergericht hielt die Gründe der Erbmannen für überwiegend, und sprach zu ihren Gunsten ein Definitivurthel im Jahr 1685 aus. Es war zu erwarten, daß das

(h) Itter. de grad. A adem. p. 420.

Capitel zu Münster Revision suchen würde. Die
Revision wurde gesucht, und wider Erwarten nahm
der Reichstag so warmen Antheil an dieser Sache,
daß er eine ausserordentliche Revision vorzunehmen
beschloß, und besondere Commissarien hiezu depu-
tirte. Die Commissarien untersuchten die Sache,
aber siehe, die Herrn fielen in paria. Eine schlimme
Wendung für das Capitel zu Münster! Indeß
was geschehen war, war geschehen — der Reichstag
sah sich zu dem Schlusse genöthigt, die Cameral-
sentenz zur Execution zu bringen; und Kaiser Jo-
seph I. bestättigte durch ein Commissionsdecret im
Jahre 1709 das Gutachten der höchsten und hohen
Stände. Allein das Capitel, der Bischof und der
Adel von Münster, welcher letztere mit in die Sache
verwickelt wurde, weil er die Erbmannen nicht in
die Rittermatrikel aufnehmen wollte, beruhigten
sich hieben noch nicht; sondern suchten die Sache
noch einmal an den Reichstag zu spielen, und den
ganzen teutschen Adel mit in ihr Interesse zu ziehen.
Allein, da Carl VI. mit harten Rescripten gegen
sie auftrat, versprachen sie zu pariren, wenn die
Erbmannen ihren Adel gehörig erweisen würden.
So entschied das Cammergericht nach dem Buchstaben des Westphälischen Friedens, welcher die
edlen Patricier in allen hohen Erz- und Domstiftern,

in denen Sie nicht durch Statute oder Gewohnheiten bereits ausgeschlossen waren, erhalten wollte:
So fügte sich auch das Capitel zu Münster nach
dem Buchstaben des Westphälischen Friedens, welcher durch den Zusatz nobiles auch die Patricier zu
einer Ahnenprobe verband. Uebrigens hielten die
Capitel fest auf ihre Statuten, und wurden von
dem gesammten Reiche mit einem lobenswürdigen
Patriotismus unterstützt. Sie hielten fest auf ihre
Statuten zum ausschließenden Vortheile des Adels;
und wie könnte es in einer so wichtigen Angelegen-
heit anders ergehn, da sie so standhaft selbst auf
minder wichtigen Statuten bestanden. Es war das
Jahr 1694, da vergab der Pabst in dem Capitel
zu Costanz eine durch den Tod Sebastian Pere-
grins, Freyherrn von Zweyer, ledig gewordene
Präbende an Peter Philipp, Freyherrn von
Berleps. Die Chronik beschreibt uns die Gestalt des neuen Herrn Provisus freylich sehr
erbärmlich. Sein rechter Fuß war gelähmt und
gänzlich eingebogen. Angeheftet an einem eisernen
Kreuze, und angethan mit einem etwa ehlenlangen
Schuhe, schleppte er den hin und her schwankenden
Fuß nach. In seiner Hand führte er einen Stock,
und doch hinkte der entnervte Körper, der zwey
Stützen ohnerachtet, zum Aergerniß aller frommen

Seelen. Aber, was hätten die Domherrn zu Coſtanz viel verloren, wenn ſie einen hinkenden Domherrn in ihr Mittel aufgenommen hätten? Indeß, weil Herr von Berleps keinen ſtatuten = und obſervanzmäßigen Fuß hatte, kam faſt das ganze Reich in Bewegung. Mehrere Capitel Teutſchlands ſtellten dem Pabſte in beſondern Schreiben vor, daß ein Domherr zu Coſtanz keine krumme, ſondern ſtatuten = und obſervanzmäßige, d. h. gerade Füße haben müſſe; der Kaiſer beſtand darauf, daß der Pabſt gegen die Statuten und löblichen Gewohnheiten keine Krüppel und krummbeinigte Domherrn machen könne, und die catholiſchen Legationen des Reichstags übernahmen gleichfalls die Vertheidigung der geradegewachſenen Füße bey ſeiner päbſtlichen Heiligkeit (i). Wenn man es dem päbſtlichen Hofe ſo höchlich ſchwer auslegte, ſich über die ſtatutenmäßigen Beine hinausgeſetzt zu haben; war es wohl zu verwundern, daß man es ſo ſtrenge mit dem ſtatutenmäßigen Adel nahm?

Ich habe, wie mich dünkt, zur Genüge gezeigt, daß man auch nach dem Weſtphäliſchen Frieden die Statute und Gewohnheiten der Capitel für rechtsbeſtändig und verbindlich für alle diejenigen anſah,

(i) Moſer Zuſätze zum N. St. R. S. 122 ſeq.

welche nur irgend ein Recht hatten, eine Präbende
zu vergeben. Allein ich redete nur von solchen Statuten, welche bereits zur Zeit des Westphälischen
Friedens bestanden. Nun erlitten aber die Statute
der Domstifter nach dem Westphälischen Frieden
manchfaltige Veränderungen. Noch im siebenzehnten
Jahrhunderte waren Doctoren in dem Domcapitel zu
Passau. Aber Herr D. Brenner und Herr D.
Weilheimer waren die letzten, denn seit 1661
sind durch einen Capitelschluß alle Doctoren auf
ewig ausgeschlossen (k). In andern Stiftern wollte
man zwar die Doctoren und Patricier nicht gänzlich
ausschließen, aber man reducirte sie auf eine gewisse
Anzahl. Die Ahnenprobe selbst wurde durch Capitelschlüsse auf vielerley Art erschwert, indem man
bald die erforderliche Ahnenzahl erhöhte, bald aber
von dem Candidaten forderte, daß er und seine
Ahnen zur Reichsritterschaft oder zu irgend einer
andern Classe von Adel gehört hätten. Die Schicksale dieser Veränderungen waren nicht immer so
günstig, als die Schicksale der Capitelstatute überhaupt. Man erlaube mir vorerst einige Bemerkungen über den Rechtsbestand dieser Veränderungen zu machen, hiernächst werde ich die Aufnahme

(k) Privatnachrichten aus Passau.

erzählen, welche diese Statute im teutschen Reiche
erlebt haben.

Wenn zur Zeit des Westphälischen Friedens die
Doctoren von der Aufnahme in ein Capitel noch
nicht ausgeschlossen waren, so will der Westphälische Friede, daß dieselben nicht ausgeschlossen, sondern vielmehr in denselben erhalten werden sollen.
Solchen Capiteln also wurde hiemit das Recht
benommen, durch gegenseitige Statute, oder Gewohnheiten das Doctorat auszuschließen. Hingegen
erhielten alle diejenigen, welchen es zukömmt, Präbenden in solchen Stiftern zu vergeben, ein wohlerworbenes Recht, dieselben auch an Doctoren zu
vergeben. An und für sich würden daher die Capitel
gegen den Kaiser, der bey Ausübung der ersten
Bitte einen verdienstvollen Doctor begnadigen, oder
gegen den Pabst, der in seinen Monaten einen
Doctor providiren wollte, mit rechtlichem Erfolge
ihre gegenseitigen Schlüsse, welche erst nach dem
Westphälischen Frieden gemacht wurden, nicht anzuführen befugt seyn. Allein wenn man bedenkt, daß
man sich durch besondere Verträge der Rechte bege-
ben könne, welche man überhaupt durch die Verordnung eines Gesetzes, und folglich auch durch
die Verordnung des Westphälischen Friedens erworben hat; wenn man bedenkt, daß der Westphälische

O

Friede in mehreren Stellen, denjenigen, welchen ein Recht eingeräumt, oder eine Verbindlichkeit auferlegt worden ist, die ausdrückliche Befugniß ertheilt, durch besondere Verträge eine dem Westphälischen Frieden zuwiderlaufende Verordnung zu machen: so scheint es, als habe man das Mittel gefunden, dergleichen Statute zu retten. „Der „Kaiser und der Pabst," so möchte man sagen, „erhielten durch den Westphälischen Frieden ein „wohlerworbenes Recht, die ihrer Collation über- „lassene Präbenden in solchen Capiteln, wo zur „Zeit dieses Friedens die Doctoren noch nicht aus- „geschlossen waren, auch an Doctoren zu vergeben. „Bestättigten also der Kaiser und der Pabst diese „Statute, oder erhielten sie gar besondere Privilegien „über den Rechtsbestand derselben, so entsagten sie „freywillig ihrem Rechte, und verbanden sich also „selbst, keine Präbenden mehr an Doctoren zu „vergeben. Durch diese Bestättigung, durch Er- „theilung dieser Privilegien erlangen die Statute „die Kraft eines Vertrags zwischen dem Capitel „auf; einer und dem Kaiser und Pabste auf der „andern Seite, vermöge dessen die Capitel ein „wohlerworbenes Recht haben, alle von dem Kaiser „ernennte, oder dem Pabste providirte Candidaten „zu verwerfen, welche die durch die Statute, oder

„durch diesen Vertrag bestimmte Eigenschaften
„nicht zu erweisen im Stande sind." — Allein
gegen den Westphälischen Frieden gilt kein kanoni=
sches Recht und kein bürgerliches Recht, kein gemein
Recht und kein besonderes Recht — Kein Privi=
legium irgend eines einzelnen Capitels — Kaiser
und Pabst können keine Ausnahme machen! Wenn
das kanonische, oder bürgerliche, das gemeine,
oder besondere Recht irgend eine Verfügung enthält,
welche mit irgend einer Verfügung des Friedens im
Widerspruche steht, so soll nicht die Verfügung des
kanonischen, oder bürgerlichen, des gemeinen, oder
besondern Rechtes gelten, sondern allein die Ver=
fügung des Friedens.   Der Kaiser und Pabst kön=
nen keine Ausnahme machen! Wenn der Westphä=
lische Friede eine Verfügung macht, so kann der
Kaiser, so kann der Pabst keine einseitige Aus=
nahme machen, kein einseitiges Privilegium erthei=
len.   Der Westphälische Friede ist ein allgemeines
Reichsgesetz; ein allgemeines Reichsgesetz kann der
Kaiser, kann der Pabst nicht abändern; davon
kann allein die gesetzgebende Gewalt eine Ausnahme
statuiren, die nicht allein in den Händen des Kai=
sers, gar nicht in den Händen des Pabstes ist.
Man setzt mir entgegen; „Der Kaiser und der
„Pabst müßten denn doch befugt seyn, einem Rechte

„zu entsagen, das Ihnen durch den Westphälischen
„Frieden ertheilt wurde; und wenn die Ertheilung
„der Privilegien, wenn ihre Bestättigungsurkun=
„den weiter nichts enthalten, als einen feyerlichen
„Verzicht ihres durch den Westphälischen Frieden
„erworbenen Rechts, die ihrer Collation überlaſ=
„senen Präbenden an Doctoren zu vergeben;
„Warum sollten sie diese Privilegien, diese Be=
„stättigungsurkunden nicht ertheilen dürfen? Zudem
„was könnten der Kaiser, oder Pabst in einem ein=
„zelnen Falle für einen Grund anführen, gegen
„die bestätigten Capitelstatute zu handeln? Würden
„sie sich auf den Westphälischen Frieden berufen,
„und aus demselben ihr Recht herleiten wollen, so
„könnte man ihnen mit Rechte die Privilegien und
„Bestättigungsurkunden vorhalten, welche nichts
„als eine Entsagung dieses Rechtes enthalten.
„Würden sie aber sagen, daß ihre Vorfahrer gegen
„die Verordnung des Westphälischen Friedens keine
„Privilegien ertheilen, keine Statute gutheissen
„konnten, welche der Friede verboten hätte, so
„würde auf diese Art kein Recht mehr bestehen,
„das irgend ein Bürger des Staats von einem
„bereits verstorbenen Regenten erhalten hat.
„Warum sollte ein Regent nicht einem so zufälligen
„Rechte entsagen können, als das Recht ist, statt

„des Adels Doctoren in gewiſſe Stifter Teutſch-
„lands zu ſetzen? Oder wie konnte der Weſtphäliſche
„Friede den Kaiſer verbinden, die ſeiner Collation
„überlaſſenen Präbenden vielmehr an Doctoren,
„als an adeliche Candidaten zu vergeben? Konnte
„ihn aber der Weſtphäliſche Friede nicht verbinden,
„und ſtand es alſo in ſeiner Willkühr, ohne irgend
„ein Privilegium, und ohne irgend eine Beſtät-
„tigungsurkunde mit Uebergehung der Doctoren
„nur den Uradel zu begünſtigen? Warum ſollte er
„ſich dazu nicht verbinden können, was er ohne
„dieſe Verbindlichkeit aus freyer Willkühr hätte
„thun können? Wenn alſo der Kaiſer als Kaiſer
„befugt ſey, Privilegien über den ausſchließenden
„Beſitz des Uradels einem Stifte zu ertheilen, oder
„die von demſelben gemachten Statute zu beſtätti-
„gen, ſo ſey auch ſein Nachfolger verbunden, dieſe
„Privilegien, dieſe Beſtättigungsurkunden anzu-
„erkennen. Was ein Regent, als Regent gültig
„unternehme, könne ſein Nachfolger, ohne eine
„Ungerechtigkeit zu begehen, der Regel nach nicht
„umſtoſſen! — Ein gleiches gelte von dem Pahſte.”
Allein, wohl kann ein einzelner Kaiſer ſtatt eines
Doctors einem aus dem Uradel ſeine Preces geben,
folglich von der Alternative, wozu ihn der W. F.
berechtiget, in einem beſondern Falle, keinen Ge-

brauch) machen; wenigstens keinen Gebrauch zum
Vortheile eines Doctors machen: Allein er kann
kein Privilegium, keine Bestättigung irgend eines
Statuts ertheilen, das diese Alternative aufheben, —
das seinen Nachfolger binden sollte, nie mehr einem
Doctor eine Präbende in diesem, oder jenem Stifte
zu verleihen. Der Kaiser erhielt nicht allein ein
ewiges Recht zur Alternative durch den W. Fr.;
Ihm ward auch eine Verbindlichkeit aufgelegt,
fleißig dahin zu wachen, daß sie nie aufgehoben
würde, vielmehr also eine Verbindlichkeit, nie
selbst diese Alternative zu ändern. „Opera detur,
ne u. d. g. beginnt die merkwürdige Sanction; der
Friede will also nicht bloße Rechte einräumen:
Nein, er verbietet auch. In dem Ausdrucke „opera
detur," liegt nicht nur allein dieses Verbot, sondern,
gleich, als hätte man vorgesehen, wie so gerne die
Stifter dieses Verbot übertretten möchten, auch ein
Zuruf an die oberstrichterliche Gewalt und die Theil-
nehmer des Friedens; es nie zuzugeben, daß nach
dem Frieden diese Alternative geändert würde.
Nun ist aber der Kaiser nicht befugt, von einem
verbietenden Gesetze eine Ausnahme zu statuiren.
So wie das gesammte Reich zur Abfassung des
Gesetzes concurrirte, so muß auch das gesammte
Reich concurriren, wenn eine Ausnahme statuiret

werden soll! Wie kann also ein Privilegium, wie
kann eine Bestättigung des Kaisers dessen Nachfolger verbinden, bey deren Ertheilung er gegen
seine Pflichten handelte! Also ein Statut, das erst
nach dem W. F. ein Capitel dem Uradel allein einräumen wollte, würde keinen Capitular binden, er
sey schon da gewesen in dem Capitel, als das Statut
gemacht wurde, oder erst in der Folge dahingekom-
men: denn ein Statut gegen ein verbietendes Gesetz
ist null und nichtig; ein solches Statut kann keinen
Bischof, keinen Indultar, kann auch den Pabst
nicht binden! Aber die Capitulare, die Bischöffe, die
Indultare, der Pabst, und wie die Collatoren
heissen mögen, werden gebunden, sobald Kaiser und
Reich über eine Ausnahme einig sind; denn ihnen
steht zwar das Recht zu, Präbenden zu vergeben,
aber die Frage, an wen sie vergeben werden sollen,
hat einmal Teutschlands gesetzgebende Gewalt
entschieden, verbindlich entschieden, kann also auch
eine verbindliche Ausnahme festsetzen. Wenn also
das Domcapitel zu Passau, in welchem sich noch
zur Zeit des Westphälischen Friedens Doctoren
befanden, auch seine zum ausschließenden Vortheile des Adels gemachten Statute vom Kaiser
und Reiche bestättigen ließ, so können denselben
vom Kaiser, oder dem Pabste eben so wenig Docto-

ren aufgedrungen werden, als einem Capitel, wel=
ches schon vor dem Westphälischen Frieden die
Doctoren ausgeschlossen hatte. Aber wie? wenn
das Domcapitel zu Passau keine solche Bestättigung
für die Gültigkeit seiner Statute anzuführen im
Stande wäre, könnte es sich nicht etwa mit einer
verjährten Gewohnheit, oder Observanz schützen?
Eine Observanz gründet sich auf die stillschweigende
Einwilligung derjenigen, die bey dem Rechte, wel=
ches durch eine Observanz erworben, oder verlohren
werden soll, irgend ein Interesse haben. Die haupt=
sächlich intereßirten Theile sind der Kaiser und das
Reich; kann also das Domcapitel zu Passau eine
Observanz erweisen, welche sich auf die Einwilli=
gung des Kaisers und des Reichs gründet: so bin
ich überzeugt, daß diese Observanz eben dieselben
Wirkungen habe, welche ich ausdrücklichen Privi=
legien, oder Bestättigungsurkunden zugeschrieben
habe. Wenn der Kaiser, oder Pabst irgend einem
Stifte einen Doctor schickte, um ihn in den Besitz
einer Präbende zu setzen; wenn sich das Stift gegen
die Aufnahme desselben sträubte; wenn es seine
Capitelschlüsse, wenn es eine Observanz vorschützte,
vermöge welcher nur Candidaten aus dem Uradel
der Präbenden fähig wären; wenn sich der Kaiser
und das Reich, welchem dieser Widerspruch auf eine

geſetzmäßige Art bekannt wurde, bey dieſer Weige-
rung beruhigten, wenn der Callator ſtatt des
Doctors einen Candidaten vorſtellte, welcher ſeine
Ahnen zu beweiſen im Stande war: ſo waren dies
lauter Thathandlungen, aus welchen ein unmittelbarer Schluß auf die Einwilligung der Intereſſenten
gemacht werden kann. Wenn aber ſtillſchweigende
Einwilligung eben dieſelben rechtlichen Wirkungen
hat, wie die ausdrückliche, ſo müſſen die Capitelſtatute zum ausſchließenden Vortheile des Adels
eben ſo gut durch Obſervanz, als durch Privilegien
und Beſtättigungsurkunden geſchützt ſeyn. Ob aber
ohne Dazwiſchenkunft irgend einer Thathandlung
der Lauf der bloßen Verjährungszeit ein Domcapitel
zu ſchützen im Stande ſey, iſt eine andere Frage.
Geſetzt der Kaiſer und der Pabſt hätten durch vierzig,
oder mehrere Jahre keinem Doctor eine Prädende
verliehen, ſo war dies auf einer Seite ja eine Sache
der bloßen Willkühr (res meræ facultatis). Was
kann hieraus, daß zwey, oder drey Kaiſer, oder
Päbſte nur dem Uradel ihre Gnade geſchenkt haben, gegen Joſeph II. oder Pius VI. gefolgert
werden? Wenn ihre Vorfahrer dem Uradel allein
gewogen waren, ſo konnten Sie hiedurch noch nicht
verbunden werden, auf gleiche Art dem Uradel
allein gewogen zu ſeyn. Auf der andern Seite

waren weder der Kaiser noch der Pabst befugt, durch ihre stillschweigende Einwilligung dem Capitel ein Recht einzuräumen. Mit einem Worte also, wenn von Seiten der Capitel keine Handlungen erwiesen werden können, aus welchen sich auf Einwilligung schließen läßt, so kann der aus dem bloßen Verlaufe der Zeit genommene Grund keine rechtliche Wirkungen haben.

In andern Capiteln kamen zwar keine Statute gegen das Doctorat, oder Patriciat zu Stande, jedoch schränkte man die Anzahl der aufzunehmenden Doctoren und Patricier auf eine bestimmte Anzahl ein. Im Jahre 1475 machte das Domcapitel zu Augsburg mit Bewilligung seines Bischofs Johann II. ein Statut, vermöge dessen die Patricier der Stadt Augsburg von der Aufnahme zu Domherren ausgeschlossen wurden. Zwar bestätigte dies Statut Sixt IV. Allein Innocenz VLII. verlieh dennoch zwoyen Patriciern, einem aus der Fuggerischen Familie und einem gewissen Bernhard Artzius zu Augsburg Canonicate. Der 1487 zu Augsburg versammelte Reichstag legte sich zwar ins Mittel, aber er war denn doch mit dem Pabste darinn einig, daß auch inskünftige Patricier in das Domcapitel aufgenommen werden möchten, nur wünschte er, daß

sich die aufzunehmenden Patricier nicht in die
Geschäfte des Capitels mischen möchten. So blieben also die Patricier von Augsburg in dem Capitel
zu Augsburg, ohne daß irgend eine Anzahl festgesetzt worden wäre. Clemens XII. aber entschied
endlich im Jahre 1743 die langen Streitigkeiten so,
daß den Bürgern zu Augsburg und ihren Söhnen
der Weg zu zehn Canonicaten offen stehen sollte,
welche der Regel nach mit allen übrigen Domherrn
gleiche Rechte, die Streitigkeiten der Stadt mit
dem Domcapitel ausgenommen, genießen sollten (1).
So wie zu Augsburg die Anzahl der Patricier, so
wurde wahrscheinlich in andern Stiftern die Anzahl
der Doctoren festgesetzt. Wenn nun der Kaiser den
eilften Patricier in das Domcapitel zu Augsburg,
oder einen Doctor über die bestimmte Anzahl in ein
anderes Capitel setzen wollte, so würden bey der
Frage, in wiefern der Kaiser hiezu berechtiget sey,
eben dieselben Grundsätze eintretten, welche ich bey
der vorhergehenden Frage angegeben habe. Der
Kaiser und das Reich sind bey jedem Statute, welches das Verhältniß der Domherrn, das da war

_____

(1) Darstellung der unrechtmäßigen Ausschließung Augs-
burger Patricier und Bürgersöhne von dem dortigen
hohen Domstifte, Frankfurt und Leipzig 1789. S.
Mosers Zusätze zum neuen St. R. p. 340.

zur Zeit des W. Friedens, umschaffet, in dem Falle,
wo ihre gesetzgebende Gewalt eintritt; ohne ihre Bewilligung läßt sich kein rechtsbeständiges Statut
gedenken. Päbstliche Einwilligung ist also allein
nicht hinlänglich, noch würde die kaiserliche und
päbstliche Einwilligung hinlänglich seyn, wenn das
Reich widersprechen würde. Gleiche Bewandniß
hat es mit den Statuten, wodurch eine größere
Anzahl der zu erweisenden Ahnen beliebt, oder gar
nur eine gewisse Classe des Adels z. B. die Reichsritterschaft der Präbenden fähig gemacht wird.
Fast in allen Stiftern, in welchen man keinen bestimmten Adel von den Candidaten verlangt, wurde
es Mode, die Anzahl der zu erweisenden Ahnen zu
erhöhen. Bey der Leichtigkeit, Adelsdiplome zu
erhalten, sind freylich zwey, oder vier Ahnen eine
Kleinigkeit. Einige Generationen würden den
Mann, dessen Ururgrosvater vielleicht ein Bauer,
ein Handwerker, oder ein Kaufmann war, dem
Adel gleichmachen, der seine Ahnen bis in das eilfte
Jahrhundert fortzählen kann. Und dies wäre denn
freylich keine erwünschte Sache für den Uradel! In
den fränkischen und rheinischen Stiftern verband
sich das Interesse der Reichsritterschaft auf das
engste mit dem Interesse der Domcapitel, und gab
die Veranlassung zur Ausschließung des Mediat-

adels, wenn er auch noch so viele Ahnen zu erweisen
im Stande seyn würde. Die fränkischen und rheinischen Stifter mögen, ich weiß es nicht, durch
unfürdenklichen Besitz hinlänglich geschützt seyn.
Allein die Westphälischen Stifter wollten erst in
neuern Zeiten das freylich sehr natürliche Retorsionsrecht gegen die Reichsritterschaft ausüben, und
machten Statute, wodurch die Reichsritterschaft
auf immer aus den Westphälischen Stiftern ausgeschlossen seyn sollte. Indessen können sie, wie
mich dünkt, aus eigner Gewalt dies Retorsionsrecht
nicht ausüben. Die rheinischen und fränkischen
Stifter waren vielleicht entweder schon zur Zeit des
Westphälischen Friedens im Besitze des Rechtes,
den mittelbaren Adel auszuschließen, oder erwarben
sich doch dies Recht durch Observanz, oder ausdrückliche Einwilligung des Kaisers und des Reichs.
Allein wenn wir die Capitel als Mitglieder eines
und desselben Staates betrachten, so kann das
Retorsionsrecht unter Ihnen gar keinen Platz haben.
Die Mittelbaren von Adel können sich eben so wenig
über Unrecht beschweren, als ein ganzes Land über
Unrecht klagen kann, wenn der Regent einer
Stadt, oder sonst einer Gemeinde ausgezeichnete
Privilegien ertheilet. So wenig die Stadt A
gegen die privilegirte Stadt B das Retorsionsrecht

auszuüben befugt ist, eben so wenig ist das Domcapitel zu Osnabrück um deßwillen befugt, die
Reichsritterschaft auszuschließen, weil in den fränkischen und rheinischen Stiftern der Osnabrückische
Adel ausgeschlossen ist. Hieraus ergiebt sich also,
daß auch hier die oben vorgetragenen Grundsätze
ihre volle Anwendung haben.

Mit diesen Grundsätzen stimmt die Praxis in
den wesentlichen Puncten überein. Statute, welche
entweder schon zur Zeit des Westphälischen Friedens
vorhanden waren, oder auch nach demselben durch
ausdrückliche, oder stillschweigende Bewilligung der
höchsten Gewalt bestättiget wurden, nimmt der
Kaiser in gesetzlichen Schutz, und wacht über ihre
Unverletzbarkeit. „Könnten allerhöchstdieselbe,“
heißt es in einem Rescripte Carls VI. an den
Bischof von Speyer, als päbstlichen Indultarius,
als oberster Schutz- und Schirmherr derer deutschen Stiftern und Kirchen, „auch in Kraft tra-
„genden allerhöchsten kaiserlichen Amts sich nicht
„entbrechen, ihre reichsväterliche Sorgfalt dahin
„anzuwenden, daß die Erz- Dom- und andere Stifter
„nach Einleitung der kaiserl. geschwornen Wahl-
„capitulation Art. XIV. §. 1. bey ihren rechtmäßig
„hergebrachten Statuten und Gewohnheiten gehand-
„habt — — — Wider solche ihre erlangte Rechte

„in keine Weise gehandelt werden mögte" (m).
Der Graf von Manderscheid-Blankenheim
erhielt die durch die Resignation Damian Eme-
richs von Metternich-Mulmark in dem
Capitel zu Trier erledigte Prábende nicht, weil er
unter seinen Ahnen einige aus dem östreichischen
Adel hatte. Zwar fiel das Reichshofrathsconclusum
aus ganz begreiflichen Ursachen gegen das Capitel
aus, allein das Capitel berief sich auf seine Statute und unfürdenkliche Gewohnheiten, und siehe,
weder der Graf, noch der Reichshofrath machten
irgend einige Bewegung mehr gegen das Capitel (n).
Die römische Curie gebraucht zwar noch immer die
Canzleyformeln des vierzehnten Jahrhunderts in
ihren Collationen, und hebt bey jedem einzelnen
Falle alle der Person des Candidaten entgegenste-
hende Statute und Gewohnheiten auf. Allein diese
Canzleyformeln haben gewöhnlich keine andere Wirkung, als Canzleyformeln aus dem vierzehnten
Jahrhunderte haben können. Man achtet derselben
nicht.

Im Jahre 1747 erhielt Wilhelm Maria,
Freyherr von Fürstenberg, vom Pabste Bene-

_____

(m) Cramer Nebenstunden Th. LXI. Abh. II. S. 30.
(n) Moser l. c. p. 212.

dict eine Präbende zu Cölln. In der ihm ertheilten Bulle waren alle Privilegien und Statute aufgehoben, und dannoch heißt es in einem kaiserlichen
Rescripte an den Churfürsten in Cölln vom 19. Nov.
1753. „(Kayſ. Maj.) werden weniger jemals zu-
„geben, daß durch fremde Beyhülfe denen Frey-
„heiten teutscher Stiffter einiger Nachtheil zuge-
„fügt werde" (o). Was hingegen Statute anbetrift, welche erst eine Geburt neuerer Zeiten sind,
so werden sie nie von Seiten des Reichshofraths, als
bey welchem die meisten die Statute betreffenden
Processe anhängig sind, für rechtsbeständig angesehen. Sehr deutlich trift man die oben ausge-
führten Grundsätze in einem Conclusum an, das
uns der verstorbene g. J. R. Ayrer in seiner Abhandlung über das Recht der ersten Bitte in seiner
ganzen Vollständigkeit geliefert hat (p). „Bevorab,"
heißt es dort, „da die daselbst hauptsächlich ange-
„zogene, aber von kayserl. Majest. nicht confirmirte
„vermeyntliche Statute und Gewohnheiten, als
„welche sonst jedes Stifft bey sich pro lubitu in
„præjudicium tertii einführen, auch die canonicos.
„einen Eyd darüber abschwören lassen möchte, das

(o) Selecta juris publ. noviſſ. Tom. XXXII. S. 42.

(p) Im Anh. n. 48.

„allerhöchſte reſervatum Cæſaris majeſtaticum pri-
„mariarum precum, ſo der kanſerlichen Majeſtät
„gleich von Zeiten der kanſ. Krönung anklebet,
„weder ſchwächen, noch weniger in einigen ſeinen
„effectibus über den Haufen werffen können‟ u. d. g.
Dieſe Grundſäße werden vom kaiſerlichen Hofe in
Rückſicht aller Arten der Statute geltend gemacht,
ſowohl wenn ſie die Vermehrung der Ahnenzahl,
als eine beſtimmte Claſſe des teutſchen Adels betref-
fen. In Sachen des Freyherrn von Reck in
Steinfurth und Grafen von Plettenberg-Lehn-
hauſen erklärte der Kaiſer durch ein Concluſum
des Reichshofraths vom 25. Jul. 1737 (q), er
könne nie zugeben, daß durch vermeyntliche Obſervanzen und Statuten über die ausſchließliche Aufnahme Unmittelbarer von Adel, zum größten Präjudiz der allerhöchſten kaiſerl. Vorrechte, auch reſp.
der Churfürſten und Stände im Reiche obſchon me-
diat, doch uralt und rittermäßige teutſche Adel ——
gänzlich ausgeſchloſſen werde.‟ Das Concluſum
hatte zwar keine Wirkung, und Herr von Reck
kam nie zum Beſiße einer Präbende zu Maynz;
allein der Grund mochte in dem Rechtsbeſtande der
Statute, oder der Obſervanz gelegen ſeyn, den

(q) Moſer Tractat von k. R. R. und Pf. p. 312.

P

etwa das Capitel deutlicher zu entwickeln Gelegen=
heit hatte; vielleicht auch in den damals unruhigen
Zeiten. In der That aber ergiebt sich aus diesem
Conclusum der Geist der Grundsätze, welche bey
dem Reichshofrathe aufgestellt sind, und, wie bereits
gezeigt worden ist, mit dem ganzen Systeme der
teutschen domcapitelischen Verfassung sehr genau
übereinkommen. Was die Vermehrung der Ahnen
betrifft, so bestättigte der Kaiser mehrere Statute,
welche dem Candidaten den Beweis von sechszehn
Ahnen auflegen, hingegen die Foderung vieler Ca=
pitel, daß auch die Ahnen der obersten Reihe schon
Adeliche von Geburt aus seyn sollen, verwarf er in
mehrern Fällen. Nun legte er zwar hiedurch zu
Tage, wie nothwendig die kaiserliche Bewilligung
sey, um bey dem Reichshofrathe dieselben mit
Wirkung produciren zu können: Allein, ehe noch die
Bewilligung des Reichs hinzugekommen ist, sind
die Statute noch nicht völlig gesetzmäßig. Doch
ich erzähle, was wirklich geschieht. Lange kämpfte
der Freyherr von Thurn, und Valsasina mit
dem Domcapitel zu Constanz; welches den in der
obersten Reihe seines Stammbaums vorkommenden
Ludwig von Thurn, nicht für adelich anerken=
nen wollte; aber ein Conclusum vom 15. December
1780 erklärte ihn für adelich, und legte dem Dom=

capitel die Aufnahme des Freyherrn auf (r). Ja
in den neuesten Zeiten scheint der kaiserliche Hof
das Recht, neue Statute zu machen, den Capiteln
gänzlich entziehen zu wollen, und den Grundsatz
angenommen zu haben, die Statute nicht mehr als
Statute zu bestättigen, sondern lediglich aus aller=
höchster kaiserlicher Gnade (s). Eine willkühr=
liche, nach Verschiedenheit der Zeiten und Umstän=
den so wandelbare Uebereinkunft der Capitel soll
nun nicht mehr die Reservatrechte des Kaisers ein=
zuschränken befugt seyn, die Capitel sollen der so
zweydeutigen Hülle des Alterthums sich nicht mehr
bedienen können, um damit oft die neuesten Statute
ehrwürdig und unverletzlich zu machen; nur von
der kaiserlichen Gnade sollten sie die verbindliche
Kraft aller der Veränderungen erwarten, welche
sie von Zeit zu Zeit in ihren alten Statuten und
Gewohnheiten machen würden — kaiserliche Pri=

(r) **Mosers** Zusätze zum neuen t. Staatsrechte p. 341 —
348.

(s) Reichshofrathsconclusum vom 16ten October 1786.
Westphälische Ritterschaft, puncto confirmationis statuti
equestris 10. Decemb. 1785. zu Cölln adeliches Damen=
stift ad B. M. V. in Capitolio puncto confirmationis
statuti capitularis; 28. August zu Münster Domcapitel
puncto confirmationis statuti capitularis, die ich in
Manuscript besitze.

vilegien sollten für die Zukunft die Stelle der Sta=
tute vertretten. Allein, wie gesagt, sind diese kai=
serliche Privilegien noch nicht hinlänglich, sondern
auch die Einwilligung des Reichs wird erfodert.
Zwar werden die Capitel durch kaiserliche Privile=
gien sowohl am Reichshofrathe, als am Cammer=
gerichte hinlänglich gedeckt seyn, und gegen die
Provisionen des Pabstes und andrer Personen allen
nur erdenklichen Schuß finden: Aber, wie? wenn die
abgewiesenen Candidaten sich an den Reichstag zu
wenden für gut fänden? Der Fall ist selten, aber
doch möglich. Warum sollten sich die Capitel nicht
auf diesen möglichen Fall durch Einholung dieser
Einwilligung sicher stellen? Dies ist der Zustand
der heutigen domcapitelischen Verfassung.

Wollen wir die allerältesten Zeiten abrechnen,
so werden wir in jeder Periode ein sichtbares Ueber=
gewicht des Uradels wahrnehmen. Der Westphä=
lische Friede fand dies Uebergewicht, und konnte
und wollte es so wenig stören, daß er es vielmehr
in seinem Werthe ließ, und für den Uradel und
Patriciat nur so viel rettete, als noch zu retten war.
Dies Uebergewicht wird auch wahrscheinlich für
immer das nämliche bleiben. Die Gründe, womit
H. Spittler dasselbe zu stören gesucht hat, wur=
den bereits in einem Falle in ihrer ganzen Stärke

dem Reichshofrathe vorgelegt. (t) — Es war in Sachen von Greifenklau zu Vollraths, gesammte rheinische und fränkische Branche (contra Friedrich von Greifenklau. Als Friedrich von Greifenklau wegen einer mit Fräulein von Horix getroffenen familienvertragswidrigen Heyrath der rheinischen Stamm- und Fideicommißgüter schon durch ein kaiserliches Rescript verlustig erklärt war, trat selbst die Frau von Greifenklau als Intervenientin auf, wollte mit Hrn. Spittlers Gründen die Stiftmäßigkeit ihrer allenfallsigen Nachkommenschaft erweisen, und machte hieraus den Schluß, daß ihre Heyrath mit Hrn. von Greifenklau den Familienverträgen nicht zuwider sey. Allein es ergieng dem ohngeachtet mit Verwerfung aller Einreden ein paritorisches Rescript (u). Viele Gründe des Rechts und der Politik begünstigten

---

(t) Interventionsschrift der Frau v. Greifenklau, gebohrnen von Horix, welche ich bey meinem Aufenthalte zu Wetzlar zu lesen bekam.

(u) 2do Maji 1788 von Greifenklau zu Vollraths gesammte rhein. und fränk. Branche contra Friedrich Freyherrn v. Greifenklau rescripti die Ex- und resp. Immiss. in die rhein. Stamm- und Fideicommißgüter betreffend, absolvitur relatio & conclusum. Imo fiat rejectis exceptionibus tam fori, quam reliquis paritorium cum termino duorum mensium.

dies Uebergewicht des Uradels, und machen es unzerstörbar. Laßt uns also nicht mit Träumen von der künftigen Zerstörung dieses Uebergewichtes spielen, sondern laßt uns vielmehr auf Mittel denken, dies Uebergewicht für unser teutsches Vaterland so wohlthätig zu machen, als es seiner Natur nach seyn kann.